SONETOS

COLEÇÃO A OBRA-PRIMA DE CADA AUTOR

SONETOS

Florbela Espanca

3ª edição

MARTIN CLARET

Esta obra foi cotejada com a edição *Sonetos Completos* de 1934
do acervo da livraria Gonçalves de Coimbra.

Direção	Martin Claret
Produção editorial	Carolina Marani Lima Mayara Zucheli
Direção de arte	José Duarte T. de Castro
Diagramação	Giovana Gatti Leonardo
Ilustração de capa	Dandi
Revisão	Flávia P. Silva
Impressão e acabamento	PSI7

Este livro segue o novo Acordo Ortográfico da Língua Portuguesa.

Dados Internacionais de Catalogação na Publicação (CIP)
(Câmara Brasileira do Livro, SP, Brasil)

Espanca, Florbela, 1894-1930.
Sonetos / Florbela Espanca. — 3. ed. — São Paulo: Martin Claret, 2014. — (Coleção a obra-prima de cada autor; 115)

"Texto integral"
ISBN 978-85-7232-993-4

1. Poesia Português I. Título. II. Série.

13-12908 CDD-869. 1

Índices para catálogo sistemático:

1. Poesia: Literatura portuguesa 869. 1

EDITORA MARTIN CLARET LTDA.
Rua Alegrete, 62 — Bairro Sumaré
01254-010 — São Paulo, SP
Tel.: (11) 3672-8144 — Fax: (11) 3673-7146
www.martinclaret.com.br
3ª reimpressão – 2015

Sumário

Sonetos

Livro de Mágoas (1919)

Livro de Sóror Saudade (1923)

Charneca em Flor (1931)

Reliquiae (1931)

Prefácio

A poética de Florbela Espanca*

Fábio Mario da Silva**

No dia 24 de março de 2007 sai um curioso artigo no *Jornal Diário do Sul* (Évora, Portugal)[1] sobre o Dia Mundial da Poesia. Uma das coisas que nos chama a atenção ao abrir esse jornal é a imagem de Florbela Espanca que, ocupando o centro da página, destaca-se logo aos olhos de qualquer leitor. O interessante é perceber que não há sequer uma linha a falar da poetisa portuguesa: a imagem de Florbela[2] apenas se

---

* Texto utilizado para uma conferência realizada dia 18 de maio de 2007, na Biblioteca Pública de Évora, quando da visita do Grêmio Literário de Lisboa a Évora e Vila Viçosa.

** Mestre em Estudos Lusófonos e doutorando em Literatura pela Universidade de Évora, dedica-se à pesquisa da obra de Florbela Espanca. Também é pesquisador do CNPq, com um projeto intitulado "Aproximações regionais: Alentejo português e nordeste brasileiro — Florbela; romanceiros e romance sergipanos", sediado na Universidade Federal de Sergipe, sob a orientação da profa. dra. Maria Lúcia Dal Farra. Atualmente é Professor Convidado da Universidade de Varsóvia (Polônia).

[1] A reportagem, que se intitula "As pessoas continuam a precisar de poesia", de 21 de março de 2007, não possui indicação de autor.

[2] Florbela é autora, além de livros de poesias, de dois livros de contos póstumos: *As máscaras do destino* de 1931 (e não de 1932, como afirma Maria da Graça Orge Martins, na "Introdução dos sonetos de Florbela Espanca" da Biblioteca Ulisseia de Autores Portugueses); *O dominó preto*, de 1982; de um diário — Diário do último ano, publicado em 1981 — e de cartas destinadas a diferentes pessoas.

configura como uma projeção, um arquétipo, que induz, se não todo o leitor português, pelo menos aquele que aprecia poesia, a fazer uma ligação direta de Florbela com a poesia. Tendo em vista essas considerações e associações de Florbela com o texto em verso, analisaremos o trajeto de sua poética por meio das obras publicadas pela autora, como também examinaremos algumas intenções das obras não compiladas para publicação por Florbela, para entendermos um pouco os seus primeiros passos como "poeta".

Ainda em sua vida, sai a primeira publicação de Florbela, o *Livro de mágoas* (1919),[3] que já pelo título nos remete à dor, à angústia. Esse pessimismo de *fin de siècle* é facilmente percebido na epígrafe do livro nos seguintes versos de Eugénio de Castro: "Procuremos somente a beleza, que a vida / É um punhado infantil de areia ressequida, / Um som d'água ou de bronze e uma sombra que passa..."

Sonetista por excelência, o que Florbela nos proporcionou — como contributo à literatura, a partir de sua primeira publicação — foi uma poesia que ultrapassou o seu tempo, que a torna não de todo um gênio, mas constitui uma nova poética. Arraigada a formas antigas — o soneto —, projeta-se para além de sua época, com uma voz transgressora que tenta encontrar-se num tempo e num espaço que não são compatíveis com os seus desejos. É o caso do soneto "Castelã da tristeza".

É interessante notar nos sonetos "Alma perdida" e "Ao vento", do *Livro de mágoas*, como o "eu" poético percebe a angústia alheia que é parecida com sua dor. O "eu" identifica, mesmo no riso do vento, sua angústia: "Que eu bem conheço, amigo, esse fadário / (...) / E a gente andar a rir p'la vida fora!!...", como também no cantar plangente da alma do rouxinol encontra sua dor: "Toda esta noite o rouxinol chorou, / (...) / Que eu pensei que tu eras a minh'alma/ Que chorasse perdida em tua voz!...". Nesses dois sonetos, verificamos o quanto o sujeito lírico, mediante o poder da linguagem, tem

---

[3] *O livro de mágoas* sai com uma tiragem de 200 cópias, com a ajuda do pai, João Maria Espanca.

a capacidade de compreender e estabelecer uma relação de completa harmonia com a natureza, no universo mágico da poesia. No *Livro de mágoas* há também uma necessidade de dialogar com uma tradição, como para se afirmar como "poeta": "Subi ao alto, à minha Torre esguia, / (...) / E pus-me, comovida, a conversar/ Com os poetas mortos, todo o dia". Vale salientar também que as temáticas de cunho amoroso se encontram apenas em quatro sonetos, sempre relacionados com a perda e a dor, expressando as angústias do "eu" lírico.

Florbela diferencia-se de outras escritoras por haver em seus textos temáticas conflitantes, por meio de palavras que impregnam de vários sentidos seus sonetos, mostrando-nos uma dinâmica sutil, no que diz respeito à angústia, que se multiplica em vários sentimentos/imagens.

Em 1923, sai o *Livro de Sóror Saudade*, mais uma vez sem editora: Florbela, com ajuda do pai, publica com seus próprios esforços mais um livro de sonetos, que provocará alguns incômodos a certos críticos. Uma crítica mais agressiva e cheia de valores morais implícitos foi feita por J. Fernando de Sousa, oculto sob o pseudônimo de Nemo, no Jornal *A Época*, datado de 1º de abril de 1923. Esse crítico diz que Florbela deveria pedir "perdão a Deus", considerando o *Livro de Sóror Saudade* (1923) um livro "mal", "desmoralizador".[4] O crítico usa como argumento o soneto "O nosso mundo" para tecer suas considerações, considerando-o "absolutamente pagão".

O sujeito poético no soneto "O nosso mundo" é salvo de suas angústias pelo objeto de desejo/amor e desfruta com ele, sem um pesar na consciência, de tudo o que o amor pode lhe proporcionar. O amor é vivido livremente, pois não importa mais nada; seus desejos não são sublimados, pelo contrário, há uma renúncia aos padrões e normas impositivas da

---

[4] Esse comentário foi encontrado em recortes de jornais conservados por Florbela Espanca, hoje depositados no seu espólio na Biblioteca Nacional de Lisboa, no seguinte endereço eletrônico: http://purl.pt/272.

sociedade: "Que importa o mundo e as ilusões defuntas?... / (...) / O mundo, Amor!... As nossas bocas juntas!...". Nesse caso, não há frustração ou dor que cause a angústia, porque o objeto de desejo aceitou o "eu" e quer vivenciar as novas possibilidades desse amor, que já foi vivido e tornou-se possível: "O teu olhar em mim, hoje, é mais terno...". O mundo se resume à presença da união desse amor: "O mundo, Amor?... As nossas bocas juntas!". Percebemos, a partir da análise do soneto "O nosso mundo", e de outros contidos no *Livro de Sóror Saudade* (1923), um amadurecimento poético e artístico de Florbela, pois, mesmo ainda construindo uma poesia de um teor lírico intenso, graças aos conflitos internos de cada soneto e da musicalidade nele contido, amplia o universo vocabular e constrói poeticamente uma gama maior de símbolos e conflitos nos sonetos. As temáticas amorosas prevalecem nesse soneto, muitas vezes por meio da saudade, visto que, segundo António Cândido Franco (refletindo sobre a relação do amor com a saudade), acredita que "a saudade é vista como o caminho do amor, e o amor é visto pelo caminho da saudade". Em alguns sonetos também encontramos uma certa sensualidade, que estará presente no *Charneca em flor*.

A obra-prima póstuma *Charneca em flor* (1931), que já vinha sendo preparada, mas, por falta de editores, ficara no prelo e saiu pouco depois da morte de Florbela, por intermédio de Guido Batelli, professor convidado de italiano da Universidade de Coimbra, é uma prova do seu amadurecimento enquanto escritora. Florbela inscreve-se decididamente no campo da literatura com sua própria característica, sem os vestígios de autores queridos por ela, como António Nobre, Américo Durão e Antero de Quental. As temáticas conflitantes de sua obra — que muitos remetem à sua vida nada comum para os padrões vigentes, como sua obra o reflexo de sua vida — criarão com isso "mitos" e análises tendenciosas de sua poesia. Podemos apontar em seus versos as seguintes características: o teor telúrico e gótico, reflexo das pulsões Eros e Thanatos; as diferentes imagens da autoidentidade, como nos mostra Cláudia Pazos Alonso[5] (a imagem de princesa exilada, do ser marginalizado, a comparação com a natureza, a conversão da Dor em fonte de Poder, a redefinição do Eu por meio do amor, do amor sem ambiguidades às ambiguidades do amor, etc.); e, também, a expressão de um "eu" lírico que nos mostra os indícios que lembram sua terra, seja de forma direta ou indireta (o Alentejo é representado como uma terra sensual revestida de contemplação, rigidez, sensualidade e solidão).

Florbela Espanca se configura como uma das poucas escritoras, na literatura portuguesa, que soube poetizar e valorizar sua terra, porém não se limitando a "regionalismos". Celestino David, falando acerca do livro *Charneca em flor*, define-o como um "missal de paixão", no qual passa o mais enternecido amor da terra alentejana.

Como nos campos alentejanos, que em muitos meses do ano se tornam secos, apagados, doloridos ("O frêmito das coisas dolorosas..."), e depois na primavera renascem como uma fênix, a deixar a paisagem dos campos coloridos ("Sob as urzes queimadas nascem rosas..."), assim se entende o sujeito lírico, no soneto "Charneca em flor". Dar-se-á em todo o poema uma identificação entre sujeito poético e a natureza característica do Alentejo. Esse soneto — que é o primeiro de *Charneca em flor* — transverte-se de uma nova roupagem, contrariando a do livro passado, *Livro de Sóror Saudade*, para uma nova temática conflituosa: "E já não sou, Amor, Sóror Saudade / (...) / Sou a charneca rude a abrir em flor!" O "eu" lírico não vive mais de contrastes, pois se assume como própria dualidade do discurso poético (rude e flor).

Por fim, a obra intitulada *Reliquiae* (1931) compreende um conjunto composto por sonetos isolados encontrados por Batelli depois da morte de Florbela, que, porém, não foi preparado para publicação pela autora. Tratou-se de um

---

[5] Essas temáticas do livro *Charneca em flor* (1931) foram expostas pela profa. dra. Cláudia Pazos Alonso na obra *Imagens do Eu na poesia de Florbela Espanca*, Lisboa, Imprensa Nacional/Casa da Moeda, 1997.

dos livros não compilados por ela, entretanto, mais próximos dos sonetos "escolhidos" para publicação por Florbela, por tematizar alguns dos embates conflituosos de que se revestem as outras obras. O soneto "O meu impossível", por exemplo, é construído por meio da temática de incompreensão; revela-nos os sentimentos de mágoa e angústia por que passa o "eu" lírico: sente-se como uma alma "ardente" que "crepita" numa fogueira de "ânsia". A total desilusão que se sente é perceptível, principalmente, nos seguintes versos: "Tudo é vago e incompleto! / (...) / É nada ser perfeito.": é como se o enunciado projetasse o "eu" poético para um deserto onde se encontra sozinho, por causa da incompreensão do mundo — até mesmo dos seus "irmãos" na dor. O substrato desse soneto lembra-nos os encontrados no *Livro de mágoas*, mas em *Reliquiae* também há resquícios das obras *Livro de Sóror Saudade* e *Charneca em flor*.

O que percebemos, por meio da análise feita da obra poética de Florbela, é um crescimento linear e progressivo das obras compiladas para publicação. Decerto, se não fossem as tragédias de sua vida, bem como sua morte prematura, Florbela nos daria, provavelmente, enquanto leitores e críticos, uma obra vasta, contribuindo para a nossa tão restrita e pobre história de poetisas em língua portuguesa.

Assim, Florbela Espanca inscreve-se, mesmo com alguma desconfiança, na literatura portuguesa e na literatura em língua portuguesa, através de sua evolução poética e característica própria. Decerto entendemos que "Florbela não era um gênio, era, e é uma notável poeta".[6]

---

[6] SENA. Jorge de, *Estudos de literatura portuguesa II*, Lisboa, Edições 70, 1988, p. 29.

Sonetos

Livro de Mágoas
1919

Procuremos somente a beleza, que a vida
É um punhado infantil de areia ressequida,
Um som d'água ou de bronze e uma sombra que
[passa...

Eugénio de Castro

Isolés dans l'amour ainsi qu'en un bois noir,
Nos deux cœurs, exhalant leur tendresse paisible,
Seront deux rossignols qui chantent dans le soir.

Paul Verlaine

Este livro...

Este livro é de mágoas. Desgraçados
Que no mundo passais, chorai ao lê-lo!
Somente a vossa dor de Torturados
Pode, talvez, senti-lo... e compreendê-lo.

Este livro é para vós. Abençoados
Os que o sentirem, sem ser bom nem belo!
Bíblia de tristes... Ó Desventurados,
Que a vossa imensa dor se acalme ao vê-lo!

Livro de Mágoas... Dores... Ansiedades!
Livro de Sombras... Névoas e Saudades!
Vai pelo mundo... (Trouxe-o no meu seio...)

Irmãos na Dor, os olhos rasos de água,
Chorai comigo a minha imensa mágoa,
Lendo o meu livro só de mágoas cheio!...

Vaidade

Sonho que sou a Poetisa eleita,
Aquela que diz tudo e tudo sabe,
Que tem a inspiração pura e perfeita,
Que reúne num verso a imensidade!

Sonho que um verso meu tem claridade
Para encher todo o mundo! E que deleita
Mesmo aqueles que morrem de saudade!
Mesmo os de alma profunda e insatisfeita!

Sonho que sou Alguém cá neste mundo...
Aquela de saber vasto e profundo,
Aos pés de quem a Terra anda curvada!

E quando mais no céu eu vou sonhando,
E quando mais no alto ando voando,
Acordo do meu sonho... E não sou nada!...

Eu

Eu sou a que no mundo anda perdida,
Eu sou a que na vida não tem norte,
Sou a irmã do Sonho, e desta sorte
Sou a crucificada... a dolorida...

Sombra de névoa tênue e esvaecida,
E que o destino amargo, triste e forte,
Impele brutalmente para a morte!
Alma de luto sempre incompreendida!...

Sou aquela que passa e ninguém vê...
Sou a que chamam triste sem o ser...
Sou a que chora sem saber porquê...

Sou talvez a visão que Alguém sonhou,
Alguém que veio ao mundo pra me ver
E que nunca na vida me encontrou!

Castelã da Tristeza

Altiva e couraçada de desdém,
Vivo sozinha em meu castelo: a Dor!
Passa por ele a luz de todo o amor...
E nunca em meu castelo entrou alguém!

Castelã da Tristeza, vês?... A quem?...
— E o meu olhar é interrogador —
Perscruto, ao longe, as sombras do sol-pôr...
Chora o silêncio... nada... ninguém vem...

Castelã da Tristeza, por que choras
Lendo, toda de branco, um livro de horas,
À sombra rendilhada dos vitrais?...

À noite, debruçada, p'las ameias,[1]
Por que rezas baixinho?... Por que anseias?...
Que sonho afagam tuas mãos reais?...

[1] Fortificações ou castelos que protegem; arquitetura militar.

TORTURA

Tirar dentro do peito a Emoção,
A lúcida Verdade, o Sentimento!
— E ser, depois de vir do coração,
Um punhado de cinza esparso ao vento!...

Sonhar um verso de alto pensamento,
E puro como um ritmo de oração!
— E ser, depois de vir do coração,
O pó, o nada, o sonho dum momento...

São assim ocos, rudes, os meus versos:
Rimas perdidas, vendavais dispersos,
Com que eu iludo os outros, com que minto!

Quem me dera encontrar o verso puro,
O verso altivo e forte, estranho e duro,
Que dissesse, a chorar, isto que sinto!!

Lágrimas ocultas

Se me ponho a cismar em outras eras
Em que ri e cantei, em que era querida,
Parece-me que foi noutras esferas,
Parece-me que foi numa outra vida...

E a minha triste boca dolorida,
Que dantes tinha o rir das primaveras,
Esbate as linhas graves e severas
E cai num abandono de esquecida!

E fico, pensativa, olhando o vago...
Toma a brandura plácida dum lago
O meu rosto de monja de marfim...

E as lágrimas que choro, branca e calma,
Ninguém as vê brotar dentro da alma!
Ninguém as vê cair dentro de mim!

Torre de névoa

Subi ao alto, à minha Torre esguia,
Feita de fumo, névoas e luar,
E pus-me, comovida, a conversar
Com os poetas mortos, todo o dia.

Contei-lhes os meus sonhos, a alegria
Dos versos que são meus, do meu sonhar,
E todos os poetas, a chorar,
Responderam-me então: "Que fantasia,

Criança doida e crente! Nós também
Tivemos ilusões, como ninguém,
E tudo nos fugiu, tudo morreu!..."

Calaram-se os poetas, tristemente...
E é desde então que eu choro amargamente
Na minha Torre esguia junto ao céu!...

A MINHA DOR

A você

A minha Dor é um convento ideal
Cheio de claustros, sombras, arcarias,
Aonde a pedra em convulsões sombrias
Tem linhas dum requinte escultural.

Os sinos têm dobres de agonias
Ao gemer, comovidos, o seu mal...
E todos têm sons de funeral
Ao bater horas, no correr dos dias...

A minha Dor é um convento. Há lírios
Dum roxo macerado de martírios,
Tão belos como nunca os viu alguém!

Nesse triste convento onde eu moro,
Noites e dias rezo e grito e choro,
E ninguém ouve... ninguém vê... ninguém...

Dizeres íntimos

É tão triste morrer na minha idade!
E vou ver os meus olhos, penitentes
Vestidinhos de roxo, como crentes
Do soturno convento da Saudade!

E logo vou olhar (com que ansiedade!...)
As minhas mãos esguias, languescentes,
De brancos dedos, uns bebês doentes
Que hão de morrer em plena mocidade!

E ser-se novo é ter-se o Paraíso,
É ter-se a estrada larga, ao sol, florida,
Aonde tudo é luz e graça e riso!

E os meus vinte e três anos... (Sou tão nova!)
Dizem baixinho a rir: "Que linda a vida!..."
Responde a minha Dor: "Que linda a cova!"

As minhas ilusões

Hora sagrada dum entardecer
De Outono, à beira-mar, cor de safira,
Soa no ar uma invisível lira...
O sol é um doente a enlanguescer...

A vaga estende os braços a suster,
Numa dor de revolta cheia de ira,
A doirada cabeça que delira
Num último suspiro, a estremecer!

O sol morreu... e veste luto o mar...
E eu vejo a urna de oiro, a balouçar,
À flor das ondas, num lençol de espuma.

As minhas Ilusões, doce tesoiro,
Também as vi levar em urna de oiro,
No mar da Vida, assim... uma por uma...

Neurastenia

Sinto hoje a alma cheia de tristeza!
Um sino dobra em mim Ave-Maria!
Lá fora, a chuva, brancas mãos esguias,
Faz na vidraça rendas de Veneza...

O vento desgrenhado chora e reza
Por alma dos que estão nas agonias!
E flocos de neve, aves brancas, frias,
Batem as asas pela Natureza...

Chuva... tenho tristeza! Mas por quê?!
Vento... tenho saudades! Mas de quê?!
Ó neve que destino triste o nosso!

Ó chuva! Ó vento! Ó neve! Que tortura!
Gritem ao mundo inteiro esta amargura,
Digam isto que sinto que eu não posso!!...

Pequenina

À Maria Helena Falcão Risques

És pequenina e ris... A boca breve
É um pequeno idílio cor-de-rosa...
Haste de lírio frágil e mimosa!
Cofre de beijos feito sonho e neve!

Doce quimera que a nossa alma deve
Ao Céu que assim te fez tão graciosa!
Que nesta vida amarga e tormentosa
Te fez nascer como um perfume leve!

O ver o teu olhar faz bem à gente...
E cheira e sabe, a nossa boca, a flores
Quando o teu nome diz, suavemente...

Pequenina que a Mãe de Deus sonhou,
Que ela afaste de ti aquelas dores
Que fizeram de mim isto que sou!

Maior tortura

Sou a sombra profunda dos espaço
Eu sou a dor de um pobre enlouquecido
Ergo aos céus mudos meus braços
E o céu é sempre azul e sempre nudo.

À Terra não me prendem nenhuns laços
Perco-me em mim na dor de ter vivido!
E não tenho a doçura duns abraços
Que me façam sorrir de ter nascido!

Sou como tu, um cardo desprezado,
A urza que se pisa sob os pés,
Sou como tu, um riso desgraçado!

Mas a minha Tortura ainda é maior:
Não ser poeta, assim como tu és
Para falar assim da minha Dor!

A MAIOR TORTURA

A um grande poeta de Portugal.

Na vida, para mim, não há deleite.
Ando a chorar convulsa noite e dia...
E não tenho uma sombra fugidia
Onde poise a cabeça, onde me deite!

E nem flor de lilás tenho que enfeite
A minha atroz, imensa nostalgia!...
A minha pobre Mãe tão branca e fria
Deu-me a beber a Mágoa no seu leite!

Poeta, eu sou um cardo desprezado,
A urze que se pisa sob os pés.
Sou, como tu, um riso desgraçado!

Mas a minha tortura inda é maior:
Não ser poeta assim como tu és
Para gritar num verso a minha Dor!...

A Flor do Sonho

A Flor do Sonho, alvíssima, divina,
Miraculosamente abriu em mim,
Como se uma magnólia de cetim
Fosse florir num muro todo em ruína.

Pende em meu seio a haste branda e fina
E não posso entender como é que, enfim,
Essa tão rara flor abriu assim!...
Milagre... fantasia... ou, talvez, sina...

Ó Flor que em mim nasceste sem abrolhos,
Que tem que sejam tristes os meus olhos
Se eles são tristes pelo amor de ti?!...

Desde que em mim nasceste em noite calma,
Voou ao longe a asa da minh'alma
E nunca, nunca mais eu me entendi...

Noite de Saudade

A Noite vem poisando devagar
Sobre a Terra, que inunda de amargura...
E nem sequer a bênção do luar
A quis tornar divinamente pura...

Ninguém vem atrás dela a acompanhar
A sua dor que é cheia de tortura...
E eu oiço a Noite imensa soluçar!
E eu oiço soluçar a Noite escura!

Por que és assim tão escura, assim tão triste?!
É que, talvez, ó Noite, em ti existe
Uma Saudade igual à que eu contenho!

Saudade que eu sei donde me vem...
Talvez de ti, ó Noite!... Ou de ninguém!...
Que eu nunca sei quem sou, nem o que tenho!!

Angústia

Tortura do pensar! Triste lamento!
Quem nos dera calar a tua voz!
Quem nos dera cá dentro, muito a sós,
Estrangular a hidra num momento!

E não se quer pensar!... e o pensamento
Sempre a morder-nos bem, dentro de nós...
Querer apagar no céu — ó sonho atroz! —
O brilho duma estrela, com o vento!...

E não se apaga, não... nada se apaga!
Vem sempre rastejando como a vaga...
Vem sempre perguntando: "O que te resta?..."

Ah! não ser mais que o vago, o infinito!
Ser pedaço de gelo, ser granito,
Ser rugido de tigre na floresta!

Amiga

Deixa-me ser a tua amiga, Amor,
A tua amiga só, já que não queres
Que pelo teu amor seja a melhor,
A mais triste de todas as mulheres.

Que só, de ti, me venha mágoa e dor
O que me importa a mim?! O que quiseres
É sempre um sonho bom! Seja o que for,
Bendito sejas tu por m'o dizeres!

Beija-me as mãos, Amor, devagarinho...
Como se os dois nascêssemos irmãos,
Aves cantando, ao sol, no mesmo ninho...

Beija-mas bem!... Que fantasia louca
Guardar assim, fechados, nestas mãos,
Os beijos que sonhei pra minha boca!...

Desejos vãos

Eu queria ser o Mar de altivo porte
Que ri e canta, a vastidão imensa!
Eu queria ser a Pedra que não pensa,
A pedra do caminho, rude e forte!

Eu queria ser o sol, a luz intensa,
O bem do que é humilde e não tem sorte!
Eu queria ser a árvore tosca e densa
Que ri do mundo vão e até da morte!

Mas o Mar também chora de tristeza...
As árvores também, como quem reza,
Abrem, aos Céus, os braços, como um crente!

E o Sol altivo e forte, ao fim de um dia,
Tem lágrimas de sangue na agonia!
E as Pedras... essas... pisa-as toda a gente!...

Pior velhice

Sou velha e triste. Nunca o alvorecer
Dum riso são andou na minha boca!
Gritando que me acudam, em voz rouca,
Eu, náufraga da Vida, ando a morrer!

A Vida, que ao nascer, enfeita e touca
De alvas rosas a fronte da mulher,
Na minha fronte mística de louca
Martírios só poisou a emurchecer!

E dizem que sou nova... A mocidade
Estará só, então, na nossa idade,
Ou está em nós e em nosso peito mora?!

Tenho a pior velhice, a que é mais triste,
Aquela onde nem sequer existe
Lembrança de ter sido nova... outrora...

A um livro

No silêncio de cinzas do meu Ser
Agita-se uma sombra de cipreste,
Sombra roubada ao livro que ando a ler,
A esse livro de mágoas que me deste.

Estranho livro aquele que escreveste,
Artista da saudade e do sofrer!
Estranho livro aquele em que puseste
Tudo o que eu sinto, sem poder dizer!

Leio-o, e folheio, assim, toda a minh'alma!
O livro que me deste é meu, e salma
As orações que choro e rio e canto!...

Poeta igual a mim, ai quem me dera
Dizer o que tu dizes!... Quem soubera
Velar a minha Dor desse teu manto!...

Alma perdida

Toda esta noite o rouxinol chorou,
Gemeu, rezou, gritou perdidamente!
Alma de rouxinol, alma da gente,
Tu és, talvez, alguém que se finou!

Tu és, talvez, um sonho que passou,
Que se fundiu na Dor, suavemente...
Talvez sejas a alma, a alma doente
D'alguém que quis amar e nunca amou!

Toda a noite choraste... e eu chorei
Talvez porque, ao ouvir-te, adivinhei
Que ninguém é mais triste do que nós!

Contaste tanta coisa à noite calma,
Que eu pensei que tu eras a minh'alma
Que chorasse perdida em tua voz!...

De joelhos

"Bendita seja a Mãe que te gerou."
Bendito o leite que te fez crescer.
Bendito o berço aonde te embalou
A tua ama, pra te adormecer!

Bendita essa canção que acalentou
Da tua vida o doce alvorecer...
Bendita seja a Lua, que inundou
De luz, a Terra, só para te ver...

Benditos sejam todos que te amarem,
As que em volta de ti ajoelharem
Numa grande paixão fervente e louca!

E se mais que eu, um dia, te quiser
Alguém, bendita seja essa Mulher,
Bendito seja o beijo dessa boca!!

Languidez

Tardes da minha terra, doce encanto,
Tardes duma pureza d'açucenas,
Tardes de sonho, as tardes de novenas,
Tardes de Portugal, as tardes d'Anto,

Como eu vos quero e amo! Tanto! Tanto!
Horas benditas, leves como penas,
Horas de fumo e cinza, horas serenas,
Minhas horas de dor em que eu sou santo!

Fecho as pálpebras roxas, quase pretas,
Que poisam sobre duas violetas,
Asas leves cansadas de voar...

E a minha boca tem uns beijos mudos...
E as minhas mãos, uns pálidos veludos,
Traçam gestos de sonho pelo ar...

Para quê?!

Tudo é vaidade neste mundo vão...
Tudo é tristeza, tudo é pó, é nada!
E mal desponta em nós a madrugada,
Vem logo a noite encher o coração!

Até o amor nos mente, essa canção
Que o nosso peito ri à gargalhada,
Flor que é nascida e logo desfolhada,
Pétalas que se pisam pelo chão!...

Beijos de amor! Pra quê?!... Tristes vaidades!
Sonhos que logo são realidades,
Que nos deixam a alma como morta!

Só neles acredita quem é louca!
Beijos de amor que vão de boca em boca,
Como pobres que vão de porta em porta!...

Ao vento

O vento passa a rir, torna a passar,
Em gargalhadas ásperas de demente;
E esta minh'alma trágica e doente
Não sabe se há de rir, se há de chorar!

Vento de voz tristonha, voz plangente,
Vento que ris de mim, sempre a troçar,
Vento que ris do mundo e do amar,
A tua voz tortura toda a gente!...

Vale-te mais chorar, meu pobre amigo!
Desabafa essa dor a sós comigo,
E não rias assim!... Ó vento, chora!

Que eu bem conheço, amigo, esse fadário
Do nosso peito ser como um Calvário,
E a gente andar a rir p'la vida fora!!...

Tédio

Passo pálida e triste. Oiço dizer:
"Que branca que ela é! Parece morta!"
E eu que vou sonhando, vaga, absorta,
Não tenho um gesto, ou um olhar sequer...

Que diga o mundo e a gente o que quiser!
— O que é que isso me faz? O que me importa?...
O frio que trago dentro gela e corta
Tudo que é sonho e graça na mulher!

O que é que me importa?! Essa tristeza
É menos dor intensa que frieza,
É um tédio profundo de viver!

E é tudo sempre o mesmo, eternamente...
O mesmo lago plácido, dormente...
E os dias, sempre os mesmos, a correr...

A minha tragédia

Tenho ódio à luz e raiva à claridade
Do sol, alegre, quente, na subida.
Parece que a minh'alma é perseguida
Por um carrasco cheio de maldade!

Ó minha vã, inútil mocidade,
Trazes-me embriagada, entontecida!...
Duns beijos que me deste noutra vida,
Trago em meus lábios roxos, a saudade!...

Eu não gosto do sol, eu tenho medo
Que me leiam nos olhos o segredo
De não amar ninguém, de ser assim!

Gosto da Noite imensa, triste, preta,
Como esta estranha e doida borboleta
Que eu sinto sempre a voltejar em mim!...

Sem remédio

Aqueles que me têm muito amor
Não sabem o que sinto e o que sou...
Não sabem que passou, um dia, a Dor
À minha porta e, nesse dia, entrou.

E é desde então que eu sinto este pavor,
Este frio que anda em mim, e que gelou
O que de bom me deu Nosso Senhor!
Se eu nem sei por onde ando e onde vou!!

Sinto os passos da Dor, essa cadência
Que é já tortura infinda, que é demência!
Que é já vontade doida de gritar!

E é sempre a mesma mágoa, o mesmo tédio,
A mesma angústia funda, sem remédio,
Andando atrás de mim, sem me largar!

Mais triste

É triste, diz a gente, a vastidão
Do mar imenso! E aquela voz fatal
Com que ele fala, agita o nosso mal!
E a Noite é triste como a Extrema-Unção!

É triste e dilacera o coração
Um poente do nosso Portugal!
E não veem que eu sou... eu... afinal,
A coisa mais magoada das que o são?!...

Poentes de agonia trago-os eu
Dentro de mim e tudo quanto é meu
É um triste poente de amargura!

E a vastidão do Mar, toda essa água
Trago-a dentro de mim num mar de Mágoa!
E a noite sou eu própria! A Noite escura!!

Velhinha

Se os que me viram já cheia de graça
Olharem bem de frente para mim,
Talvez, cheios de dor, digam assim:
"Já ela é velha! Como o tempo passa!..."

Não sei rir e cantar por mais que faça!
Ó minhas mãos talhadas em marfim,
Deixem esse fio de oiro que esvoaça!
Deixem correr a vida até ao fim!

Tenho vinte e três anos! Sou velhinha!
Tenho cabelos brancos e sou crente...
Já murmuro orações... falo sozinha...

E o bando cor-de-rosa dos carinhos
Que tu me fazes, olho-os indulgente,
Como se fosse um bando de netinhos...

Em busca do Amor

O meu Destino disse-me a chorar:
"Pela estrada da Vida vai andando,
E, aos que vires passar, interrogando
Acerca do Amor, que hás de encontrar."

Fui pela estrada a rir e a cantar,
As contas do meu sonho desfiando...
E noite e dia, à chuva e ao luar,
Fui sempre caminhando e perguntando...

Mesmo a um velho eu perguntei: "Velhinho,
Viste o Amor acaso em teu caminho?"
E o velho estremeceu... olhou... e riu...

Agora pela estrada, já cansados,
Voltam todos pra trás desanimados...
E eu paro a murmurar: "Ninguém o viu!..."

Impossível

Disseram-me hoje, assim, ao ver-me triste:
"Parece Sexta-Feira de Paixão.
Sempre a cismar, cismar de olhos no chão,
Sempre a pensar na dor que não existe...

O que é que tem?! Tão nova e sempre triste!
Faça por estar contente! Pois então?!..."
Quando se sofre, o que se diz é vão...
Meu coração, tudo, calado, ouviste...

Os meus males ninguém mos adivinha...
A minha Dor não fala, anda sozinha...
Dissesse ela o que sente! Ai quem me dera!...

Os males de Anto toda a gente os sabe!
Os meus... ninguém... A minha Dor não cabe
Nos cem milhões de versos que eu fizera!...

Livro de Sóror Saudade
1923

Irmã, Sóror Saudade, ah! se eu pudesse
Tocar de aspiração a nossa vida,
Fazer do mundo a Terra Prometida
Que ainda em sonho às vezes me aparece!

Américo Durão

Il n'a pas à se plaindre celui qui attend
un sentiment plus ardent et plus généreux.
Il n'a pas à se plaindre celui qui attend
le désir d'un peu plus de bonbeur, d'un
peu plus de beauté, d'un peu plus de justice.

Maurice Maeterlinck
La Sagesse et la Destinée

Sóror Saudade

A Américo Durão

Irmã, Sóror Saudade, me chamaste...
E na minh'alma o nome iluminou-se
Como um vitral ao sol, como se fosse
A luz do próprio sonho que sonhaste.

Numa tarde de Outono o murmuraste;
Toda a mágoa do Outono ele me trouxe;
Jamais me hão de chamar outro mais doce;
Com ele bem mais triste me tornaste...

E baixinho, na alma de minh'alma,
Como bênção de sol que afaga e acalma,
Nas horas más de febre e de ansiedade,

Como se fossem pétalas caindo,
Digo as palavras desse nome lindo
Que tu me deste: "Irmã, Sóror Saudade"...

O NOSSO LIVRO

A.A.G.

Livro do meu amor, do teu amor,
Livro do nosso amor, do nosso peito...
Abre-lhe as folhas devagar, com jeito,
Como se fossem pétalas de flor.

Olha que eu outro já não sei compor
Mais santamente triste, mais perfeito
Não esfolhes os lírios com que é feito
Que outros não tenho em meu jardim de dor!

Livro de mais ninguém! Só meu! Só teu!
Num sorriso tu dizes e digo eu:
Versos só nossos mas que lindos sois!

Ah! meu Amor! Mas quanta, quanta gente
Dirá, fechando o livro docemente:
"Versos só nossos, só de nós os dois!..."

O que tu és

És Aquela que tudo te entristece,
Irrita e amargura, tudo humilha;
Aquela a quem a Mágoa chamou filha;
A que aos homens e a Deus nada merece.

Aquela que o sol claro entenebrece,
A que nem sabe a estrada que ora trilha,
Que nem um lindo amor de maravilha
Sequer deslumbra, e ilumina e aquece!

Mar Morto sem marés nem ondas largas,
A rastejar no chão, como as mendigas,
Todo feito de lágrimas amargas!

És ano que não teve Primavera...
Ah! Não seres como as outras raparigas
Ó Princesa Encantada da Quimera!...

Fanatismo

Minh'alma, de sonhar-te, anda perdida!
Meus olhos andam cegos de te ver!
Não és sequer razão do meu viver,
Pois que tu és já toda a minha vida!

Não vejo nada assim enlouquecida...
Passo no mundo, meu Amor, a ler
No misterioso livro do teu ser
A mesma história tantas vezes lida!

"Tudo no mundo é frágil, tudo passa..."
Quando me dizem isto, toda a graça
Duma boca divina fala em mim!

E, olhos postos em ti, digo de rastros:
"Ah! Podem voar mundos, morrer astros,
Que tu és como Deus: Princípio e Fim!..."

Alentejano

À Buja

Deu agora meio-dia; o sol é quente
Beijando a urze triste dos outeiros.
Nas ravinas do monte andam ceifeiros
Na faina, alegres, desde o sol nascente.

Cantam as raparigas, brandamente,
Brilham os olhos negros, feiticeiros;
E há perfis delicados e trigueiros
Entre as altas espigas d' oiro ardente.

A terra prende aos dedos sensuais
A cabeleira loira dos trigais
Sob a bênção dulcíssima dos Céus.

Há gritos arrastados de cantigas...
E eu sou uma daquelas raparigas...
E tu passas e dizes: "Salve-os Deus!"

Fumo

Longe de ti são ermos os caminhos,
Longe de ti não há luar nem rosas,
Longe de ti há noites silenciosas,
Há dias sem calor, beirais sem ninhos!

Meus olhos são dois velhos pobrezinhos
Perdidos pelas noites invernosas...
Abertos, sonham mãos cariciosas,
Tuas mãos doces, plenas de carinhos!

Os dias são Outonos: choram... choram...
Há crisântemos roxos que descoram...
Há murmúrios dolentes de segredos...

Invoco o nosso sonho! Estendo os braços!
E ele é, ó meu Amor, pelos espaços,
Fumo leve que foge entre os meus dedos!...

Que importa?...

Eu era a desdenhosa, a indiferente.
Nunca sentira em mim o coração
Bater em violências de paixão,
Como bate no peito à outra gente.

Agora, olhas-me tu altivamente,
Sem sombra de desejo ou de emoção,
Enquanto a asa loira da ilusão
Abrem dentro de mim ao sol nascente.

Minh'alma, a pedra, transformou-se em fonte;
Como nascida em carinhoso monte,
Toda ela é riso, e é frescura e graça!

Nela refresca a boca um só instante ...
Que importa?... Se o cansado viandante
Bebe em todas as fontes... quando passa?...

O meu orgulho

Lembro-me o que fui dantes. Quem me dera
Não me lembrar! Em tardes dolorosas
Eu lembro-me que fui a Primavera
Que em muros velhos fez nascer as rosas!

As minhas mãos, outrora carinhosas,
Pairavam como pombas... Quem soubera
Porque tudo passou e foi quimera,
E porque os muros velhos não dão rosas!

São sempre os que eu recordo que me esquecem...
Mas digo para mim: "Não me merecem..."
E já não fico tão abandonada!

Sinto que valho mais, mais pobrezinha:
Que também é orgulho ser sozinha,
E também é nobreza não ter nada!

Os versos que te fiz

Deixa dizer-te os lindos versos raros
Que a minha boca tem pra te dizer!
São talhados em mármore de Paros
Cinzelados por mim pra te oferecer.

Tem dolência de veludos caros,
São como sedas pálidas a arder...
Deixa dizer-te os lindos versos raros
Que foram feitos pra te endoidecer!

Mas, meu Amor, eu não t'os digo ainda...
Que a boca da mulher é sempre linda
Se dentro guarda um verso que não diz!

Amo-te tanto! E nunca te beijei...
E nesse beijo, Amor, que eu te não dei
Guardo os versos mais lindos que te fiz!

Frieza

Os teus olhos são frios como espadas,
E claros como os trágicos punhais;
Têm brilhos cortantes de metais
E fulgores de lâminas geladas.

Vejo neles imagens retratadas
De abandonos cruéis e desleais,
Fantásticos desejos irreais,
E todo o oiro e o sol das madrugadas!

Mas não te invejo, Amor, essa indiferença,
Que viver neste mundo sem amar
É pior que ser cego de nascença!

Tu invejas a dor que vive em mim!
E quanta vez dirás a soluçar:
"Ah! Quem me dera, Irmã, amar assim!..."

O meu mal

A meu Irmão

Eu tenho lido em mim, sei-me de cor,
Eu sei o nome ao meu estranho mal:
Eu sei que fui a renda dum vitral,
Que fui cipreste e caravela e dor!

Fui tudo que no mundo há de maior,
Fui cisne, e lírio, e águia, e catedral!
E fui, talvez, um verso de Nerval,
Ou um cínico riso de Chamfort...

Fui a heráldica flor de agrestes cardos,
Deram as minhas mãos aroma aos nardos...
Deu cor ao eloendro a minha boca...

Ah! De Boabdil[2] fui lágrima na Espanha!
E foi de lá que eu trouxe esta ânsia estranha!
Mágoa não sei de quê! Saudade louca!

---

[2] Modificação do nome Abu Abdil-lah, que foi o último rei de Granada, região da Espanha ainda em domínio dos mulçumanos, no século XV.

A noite desce...

Como pálpebras roxas que tombassem
Sobre uns olhos cansados, carinhosas,
A noite desce... Ah! doces mãos piedosas
Que os meus olhos tristíssimos fechassem!

Assim mãos de bondade me embalassem!
Assim me adormecessem, caridosas,
E em braçadas de lírios e mimosas,
No crepúsculo que desce me enterrassem!

A noite em sombra e fumo se desfaz...
Perfume de baunilha ou de lilás,
A noite põe-me embriagada, louca!

E a noite vai descendo muda e calma...
Meu doce Amor, tu beijas a minh'alma
Beijando nesta hora a minha boca!

Caravelas

Cheguei a meio da vida já cansada
De tanto caminhar! Já me perdi!
Dum estranho país que nunca vi
Sou neste mundo imenso a exilada.

Tanto tenho aprendido e não sei nada.
E as torres de marfim que construí
Em trágica loucura as destruí
Por minhas próprias mãos de malfadada!

Se eu sempre fui assim este Mar Morto:
Mar sem marés, sem vagas e sem porto
Onde velas de sonhos se rasgaram!

Caravelas doiradas a bailar...
Ai quem me dera as que eu deitei ao Mar!
As que eu lancei à vida, e não voltaram!...

Inconstância

Procurei o amor, que me mentiu.
Pedi à Vida mais do que ela dava;
Eterna sonhadora edificava
Meu castelo de luz que me caiu!

Tanto clarão nas trevas refulgiu,
E tanto beijo a boca me queimava!
E era o sol que os longes deslumbrava
Igual a tanto sol que me fugiu!

Passei a vida a amar e a esquecer...
Atrás do sol dum dia outro a aquecer
As brumas dos atalhos por onde ando...

E este amor que assim me vai fugindo
É igual a outro amor que vai surgindo,
Que há de partir também... nem eu sei quando...

O nosso mundo

Eu bebo a Vida, a Vida, a longos tragos
Como um divino vinho de Falerno![3]
Pousando em ti o meu olhar eterno
Como pousam as folhas sobre os lagos...

Os meus sonhos agora são mais vagos...
O teu olhar em mim, hoje, é mais terno...
E a Vida já não é o rubro inferno
Todo fantasmas tristes e pressagos!

A Vida, meu Amor, quero vivê-la!
Na mesma taça erguida em tuas mãos,
Bocas unidas, hemos de bebê-la!

Que importa o mundo e as ilusões defuntas?...
Que importa o mundo e seus orgulhos vãos?...
O mundo, Amor!... As nossas bocas juntas!...

[3] Vinho que era produzido em Falerno na Itália.

PRINCE CHARMANT...

A Raul Proença

No lânguido esmaecer das amorosas
Tardes que morrem voluptuosamente
Procurei-O no meio de toda a gente.
Procurei-O em horas silenciosas!

Ó noites da minh'alma tenebrosas!
Boca sangrando beijos, flor que sente...
Olhos postos num sonho, humildemente...
Mãos cheias de violetas e de rosas...

E nunca O encontrei!... Prince Charmant...
Como audaz cavaleiro em velhas lendas
Virá, talvez, nas névoas da manhã!

Em toda a nossa vida anda a quimera
Tecendo em frágeis dedos frágeis rendas...
— Nunca se encontra Aquele que se espera!...

Anoitecer

A luz desmaia num fulgor d' aurora,
Diz-nos adeus religiosamente...
E eu que não creio em nada, sou mais crente
Do que em menina, um dia, o fui... outrora...

Não sei o que em mim ri, o que em mim chora,
Tenho bênçãos de amor pra toda a gente!
E a minha alma, sombria e penitente
Soluça no infinito desta hora...

Horas tristes que são o meu rosário...
Ó minha cruz de tão pesado lenho!
Ó meu áspero e intérmino Calvário!

E a esta hora tudo em mim revive:
Saudades de saudades que não tenho...
Sonhos que são os sonhos dos que eu tive...

Esfinge

Sou filha da charneca erma e selvagem:
Os giestais, por entre os rosmaninhos,
Abrindo os olhos d' oiro, p'los caminhos,
Desta minh'alma ardente são a imagem.

E ansiosa desejo — ó vã miragem —
Que tu e eu, em beijos e carinhos,
Eu a Charneca, e tu o Sol, sozinhos,
Fôssemos um pedaço da paisagem!

E à noite, à hora doce da ansiedade,
Ouviria da boca do luar
O *De Profundis* triste da saudade...

E, à tua espera, enquanto o mundo dorme,
Ficaria, olhos quietos, a cismar...
Esfinge olhando, na planície enorme...

Tarde demais...

Quando chegaste enfim, para te ver
Abriu-se a noite em mágico luar;
E para o som de teus passos conhecer
Pôs-se o silêncio, em volta, a escutar...

Chegaste, enfim! Milagre de endoidar!
Viu-se nessa hora o que não pode ser:
Em plena noite, a noite iluminar
E as pedras do caminho florescer!

Beijando a areia de oiro dos desertos
Procurara-te em vão! Braços abertos,
Pés nus, olhos a rir, a boca em flor!

E há cem anos que eu era nova e linda!...
E a minha boca morta grita ainda:
Por que chegaste tarde, ó meu Amor?!...

Cinzento

Poeiras de crepúsculos cinzentos.
Lindas rendas velhinhas, em pedaços,
Prendem-se aos meus cabelos, aos meus braços,
Como brancos fantasmas, sonolentos...

Monges soturnos deslizando lentos,
Devagarinho, em misteriosos passos...
Perde-se a luz em lânguidos cansaços...
Ergue-se a minha cruz dos desalentos!

Poeiras de crepúsculos tristonhos,
Lembram-me o fumo leve dos meus sonhos,
A névoa das saudades que deixaste!

Hora em que o teu olhar me deslumbrou...
Hora em que a tua boca me beijou...
Hora em que fumo e névoa te tornaste...

Noturno

Amor! Anda o luar todo bondade,
Beijando a Terra, a desfazer-se em luz...
Amor! São os pés brancos de Jesus
Que anda pisando as ruas da cidade!

E eu ponho-me a pensar... Quanta saudade
Das ilusões e risos que em ti pus!
Traçaste em mim os braços duma cruz,
Neles pregaste a minha mocidade!

Minh'alma que eu te dei, cheia de mágoas,
É nesta noite o nenúfar de um lago
Estendendo as asas brancas sobre as águas!

Pousa as mãos nos meus olhos, com carinho,
Fecha-os num beijo dolorido e vago...
E deixa-me chorar devagarinho...

Maria das Quimeras

Maria das Quimeras me chamou
Alguém... Pelos castelos que eu ergui,
P'las flores de oiro e azul que a sol teci
Numa tela de sonho que estalou.

Maria das Quimeras me ficou;
Com elas na minh'alma adormeci.
Mas, quando despertei, nem uma vi,
Que da minh'alma, Alguém, tudo levou!

Maria das Quimeras, que fim deste
Às flores de oiro e azul que a sol bordaste,
Aos sonhos tresloucados que fizeste?

Pelo mundo, na vida, o que é que esperas?...
Aonde estão os beijos que sonhaste,
Maria das Quimeras, sem quimeras?

Saudades

Saudades! Sim... talvez... e por que não?...
Se o nosso sonho foi tão alto e forte
Que bem pensara vê-lo até à morte
Deslumbrar-me de luz o coração!

Esquecer! Para quê?... Ah! como é vão!
Que tudo isso, Amor, nos não importe.
Se ele deixou beleza que conforte
Deve-nos ser sagrado como o pão!

Quantas vezes, Amor, já te esqueci,
Para mais doidamente me lembrar,
Mais doidamente me lembrar de ti!

E quem dera que fosse sempre assim:
Quanto menos quisesse recordar
Mais a saudade andasse presa a mim!

O QUE ALGUÉM DISSE

"Refugia-te na Arte" diz-me Alguém
"Eleva-te num voo espiritual,
Esquece o teu amor, ri do teu mal,
Olhando-te a ti própria com desdém.

Só é grande e perfeito o que nos vem
Do que em nós é Divino e imortal!
Cega de luz e tonta de ideal
Busca em ti a Verdade e em mais ninguém!"

No poente dourado como a chama
Estas palavras morrem... E n'Aquele
Que é triste, como eu, fico a pensar...

O poente tem alma: sente e ama!
E, porque o sol é cor dos olhos d'Ele,
Eu fico olhando o sol, a soluçar...

Ruínas

Se é sempre outono o rir das primaveras,
Castelos, um a um, deixa-os cair...
Que a vida é um constante derruir
De palácios do Reino das Quimeras!

E deixa sobre as ruínas crescer heras.
Deixa-as beijar as pedras e florir!
Que a vida é um contínuo destruir
De palácios do Reino das Quimeras!

Deixa tombar meus rútilos castelos!
Tenho ainda mais sonhos para erguê-los
Mais alto do que as águias pelo ar!

Sonhos que tombam! Derrocada louca!
São como os beijos duma linda boca!
Sonhos!... Deixa-os tombar... deixa-os tombar...

Crepúsculo

Teus olhos, borboletas de oiro, ardentes
Borboletas de sol, de asas magoadas,
Pousam nos meus, suaves e cansadas,
Como em dois lírios roxos e dolentes...

E os lírios fecham... Meu amor não sentes?
Minha boca tem rosas desmaiadas,
E as minhas pobres mãos são maceradas
Como vagas saudades de doentes...

O Silêncio abre as mãos... entorna rosas...
Andam no ar carícias vaporosas
Como pálidas sedas, arrastando...

E a tua boca rubra ao pé da minha
É na suavidade da tardinha
Um coração ardente, palpitando...

Ódio?

À Aurora Aboim

Ódio por ele? Não... Se o amei tanto,
Se tanto bem lhe quis no meu passado,
Se o encontrei depois de o ter sonhado,
Se à vida assim roubei todo o encanto...

Que importa se mentiu? E se hoje o pranto
Turva o meu triste olhar, marmorizado,
Olhar de monja, trágico, gelado
Como um soturno e enorme Campo Santo!

Ah! Nunca mais amá-lo é já bastante!
Quero senti-lo d'outra, bem distante,
Como se fora meu, calma e serena!

Ódio seria em mim saudade infinda,
Mágoa de o ter perdido, amor ainda.
Ódio por ele? Não... não vale a pena.

Renúncia

A minha mocidade outrora eu pus
No tranquilo convento da Tristeza;
Lá passa dias, noites, sempre presa,
Olhos fechados, magras mãos em cruz...

Lá fora, a Lua, Satanás, seduz!
Desdobra-se em requintes de Beleza...
É como um beijo ardente a Natureza...
A minha cela é como um rio de luz...

Fecha os teus olhos bem! Não vejas nada!
Empalidece mais! E, resignada,
Prende os teus braços a uma cruz maior!

Gela ainda a mortalha que te encerra!
Enche a boca de cinzas e de terra,
Ó minha mocidade toda em flor!

A VIDA

É vão o amor, o ódio, ou o desdém;
Inútil o desejo e o sentimento...
Lançar um grande amor aos pés d'alguém
O mesmo é que lançar flores ao vento!

Todos somos no mundo "Pedro Sem",
Uma alegria é feita dum tormento,
Um riso é sempre o eco dum lamento,
Sabe-se lá um beijo donde vem!

A mais nobre ilusão morre... desfaz-se...
Uma saudade morta em nós renasce
Que no mesmo momento é já perdida...

Amar-te a vida inteira eu não podia.
A gente esquece sempre o bem de um dia.
Que queres, meu Amor, se é isto a vida!...

Horas rubras

Horas profundas, lentas e caladas,
Feitas de beijos sensuais e ardentes,
De noites de volúpia, noites quentes
Onde há risos de virgens desmaiadas...

Oiço as olaias rindo desgrenhadas...
Tombam astros em fogo, astros dementes,
E do luar os beijos languescentes
São pedaços de prata p'las estradas...

Os meus lábios são brancos como lagos...
Os meus braços são leves como afagos.
Vestiu-os o luar de sedas puras...

Sou chama e neve branca e misteriosa...
E sou, talvez, na noite voluptuosa,
Ó meu Poeta, o beijo que procuras!

Suavidade

Pousa a tua cabeça dolorida
Tão cheia de quimeras, de ideal,
Sobre o regaço brando e maternal
Da tua doce Irmã compadecida.

Hás de contar-me nessa voz tão qu'rida
A tua dor que julgas sem igual,
E eu, pra te consolar, direi o mal
Que à minha alma profunda fez a Vida.

E hás de adormecer nos meus joelhos...
E os meus dedos enrugados, velhos,
Hão de fazer-se leves e suaves...

Hão de pousar-se num fervor de crente,
Rosas brancas tombando docemente,
Sobre o teu rosto, como penas de aves...

Princesa Desalento

Minh'alma é a Princesa Desalento,
Como um Poeta lhe chamou, um dia.
É magoada e pálida e sombria,
Como soluços trágicos do vento!

É frágil como o sonho dum momento;
Soturna como preces de agonia,
Vive do riso duma boca fria:
Minh'alma é a Princesa Desalento...

Altas horas da noite ela vagueia...
E ao luar suavíssimo, que anseia,
Põe-se a falar de tanta coisa morta!

O luar ouve a minh'alma, ajoelhado,
E vai traçar, fantástico e gelado,
A sombra duma cruz à tua porta...

Sombra

De olheiras roxas, roxas, quase pretas,
De olhos límpidos, doces, languescentes,
Lagos em calma, pálidos, dormentes,
Onde se debruçassem violetas...

De mãos esguias, finas hastes quietas,
Que o vento não baloiça em noites quentes...
Noturno de Chopin...[4] risos dolentes...
Versos tristes em sonhos de Poetas...

Beijo doce de aromas perturbantes...
Rosal bendito que dá rosas... Dantes
Esta era Eu e Eu era a Idolatrada!...

Oh! tanta cinza morta... o vento a leve!
Vou sendo agora em ti a sombra leve
D'alguém que dobra a curva duma estrada...

---

[4] Referência à composição musical que foi comum no século XIX com peças de John Field e, um dos mais conhecidos, 21 noturnos de Frédéric Chopin.

Hora que passa

Vejo-me triste, abandonada e só
Bem como um cão sem dono e que o procura,
Mais pobre e desprezada do que Job
A caminhar na via da amargura!

Judeu Errante que a ninguém faz dó!
Minh'alma triste, dolorida e escura,
Minh'alma sem amor é cinza e pó,
Vaga roubada ao Mar da Desventura!

Que tragédia tão funda no meu peito!...
Quanta ilusão morrendo que esvoaça!
Quanto sonho a nascer e já desfeito!

Deus! Como é triste a hora quando morre...
O instante que foge, voa, e passa...
Fiozinho de água triste... a vida corre...

Da minha janela

Mar alto! Ondas quebradas e vencidas
Num soluçar aflito e murmurado...
Voo de gaivotas, leve, imaculado,
Como neves nos píncaros nascidas!

Sol! Ave a tombar, asas já feridas,
Batendo ainda num arfar pausado...
Ó meu doce poente torturado
Rezo-te em mim, chorando, mãos erguidas!

Meu verso de Samain cheio de graça,
'Inda não és clarão já és luar
Como branco lilás que se desfaça!

Amor! Teu coração trago-o no peito...
Pulsa dentro de mim como este mar
Num beijo eterno, assim, nunca desfeito!...

Sol poente

Tardinha... "Ave-Maria, Mãe de Deus..."
E reza a voz dos sinos e das noras...
O sol que morre tem clarões d'auroras,
Águia que bate as asas pelos céus!

Horas que têm a cor dos olhos teus...
Horas evocadoras d'outras horas...
Lembranças de fantásticos outroras,
De sonhos que não tenho e que eram meus!

Horas em que as saudades p'las estradas
Inclinam as cabeças martirizadas
E ficam pensativas... meditando...

Morrem verbenas silenciosamente...
E o rubro sol da tua boca ardente
Vai-me a pálida boca desfolhando...

Exaltação

Viver!... Beber o vento e o sol!... Erguer
Ao Céu os corações a palpitar!
Deus fez os nossos braços pra prender,
E a boca fez-se sangue para beijar!

A chama, sempre rubra, ao alto a arder!...
Asas sempre perdidas a pairar,
Mais alto para as estrelas desprender!...
A glória!... A fama!... O orgulho de criar!...

Da vida tenho o mel e tenho os travos
No lago dos meus olhos de violeta,
Nos meus beijos extáticos, pagãos!...

Trago na boca o coração dos cravos!
Boêmios, vagabundos, e poetas
— Como eu sou vossa Irmã, ó meus Irmãos!...

Charneca em Flor
1931

Amar, amar, amar siempre y con todo
El ser y con la tierra y con el cielo,
Con lo claro del sol y lo obscuro del lodo.
Amar por toda ciencia y amar por todo anhelo.

Y cuando la montaña de la vida
Nos sea dura y larga, y alta, y llena de abismos,
Amar la inmensidad, que es de amor encendida,
Y arder en la fusión de nuestros pechos mismos...

Rubén Darío

Charneca em flor

Enche o meu peito, num encanto mago,
O frêmito das coisas dolorosas...
Sob as urzes queimadas nascem rosas...
Nos meus olhos as lágrimas apago...

Anseio! Asas abertas! O que trago
Em mim? Eu oiço bocas silenciosas
Murmurar-me as palavras misteriosas
Que perturbam meu ser como um afago!

E, nesta febre ansiosa que me invade,
Dispo a minha mortalha, o meu burel,
E já não sou, Amor, Sóror Saudade...

Olhos a arder em êxtases de amor,
Boca a saber a sol, a fruto, a mel:
Sou a charneca rude a abrir em flor!

Versos de orgulho

O mundo quer-me mal porque ninguém
Tem asas como eu tenho! Porque Deus
Me fez nascer Princesa entre plebeus
Numa torre de orgulho e de desdém.

Porque o meu Reino fica para além...
Porque trago no olhar os vastos céus
E os oiros e clarões são todos meus!
Porque eu sou Eu e porque Eu sou Alguém!

O mundo? O que é o mundo, ó meu Amor?
— O jardim dos meus versos todo em flor...
A seara dos teus beijos, pão bendito...

Meus êxtases, meus sonhos, meus cansaços...
— São os teus braços dentro dos meus braços,
Via Láctea fechando o Infinito.

Rústica

Ser a moça mais linda do povoado,
Pisar, sempre contente, o mesmo trilho,
Ver descer sobre o ninho aconchegado
A bênção do Senhor em cada filho.

Um vestido de chita bem lavado,
Cheirando a alfazema e a tomilho...
Com o luar matar a sede ao gado,
Dar às pombas o sol num grão de milho...

Ser pura como a água da cisterna,
Ter confiança numa vida eterna
Quando descer à "terra da verdade"...

Meu Deus, dai-me esta alma, esta pobreza!
Dou por elas meu trono de Princesa,
E todos os meus Reinos de Ansiedade.

Realidade

Em ti o meu olhar fez-se alvorada
E a minha voz fez-se gorjeio de ninho...
E a minha rubra boca apaixonada
Teve a frescura pálida do linho...

Embriagou-me o teu beijo como um vinho
Fulvo de Espanha, em taça cinzelada...
E a minha cabeleira desatada
Pôs a teus pés a sombra dum caminho...

Minhas pálpebras são cor de verbena,
Eu tenho os olhos garços, sou morena,
E para te encontrar foi que eu nasci...

Tens sido vida fora o meu desejo
E agora, que te falo, que te vejo,
Não sei se te encontrei... se te perdi...

Conto de fadas

Eu trago-te nas mãos o esquecimento
Das horas más que tens vivido, Amor!
E para as tuas chagas o unguento
Com que sarei a minha própria dor.

Os meus gestos são ondas de Sorrento...
Trago no nome as letras duma flor...
Foi dos meus olhos garços que um pintor
Tirou a luz para pintar o vento...

Dou-te o que tenho: o astro que dormita,
O manto dos crepúsculos da tarde,
O sol que é de oiro, a onda que palpita.

Dou-te, comigo, o mundo que Deus fez!
— Eu sou Aquela de quem tens saudade,
A princesa do conto: "Era uma vez..."

A UM MORIBUNDO

Não tenhas medo, não! Tranquilamente,
Como adormece a noite pelo Outono,
Fecha os teus olhos, simples, docemente,
Como, à tarde, uma pomba que tem sono...

A cabeça reclina levemente
E os braços deixa-os ir ao abandono,
Como tombam, arfando, ao sol poente,
As asas de uma pomba que tem sono...

O que há depois? Depois?... O azul dos céus?
Um outro mundo? O eterno nada? Deus?
Um abismo? Um castigo? Uma guarida?

Que importa? Que te importa, ó moribundo?
— Seja o que for, será melhor que o mundo!
Tudo será melhor do que esta vida!...

Eu

Até agora eu não me conhecia.
Julgava que era Eu e eu não era
Aquela que em meus versos descrevera
Tão clara como a fonte e como o dia.

Mas que eu não era Eu não o sabia
E, mesmo que o soubesse, o não dissera...
Olhos fitos em rútila quimera
Andava atrás de mim... e não me via!

Andava a procurar-me — pobre louca! —
E achei o meu olhar no teu olhar,
E a minha boca sobre a tua boca!

E esta ânsia de viver, que nada acalma,
É a chama da tua alma a esbrasear
As apagadas cinzas da minha alma!

Passeio ao campo

Meu Amor! Meu Amante! Meu Amigo!
Colhe a hora que passa, hora divina,
Bebe-a dentro de mim, bebe-a comigo!
Sinto-me alegre e forte! Sou menina!

Eu tenho, Amor, a cinta esbelta e fina...
Pele doirada de alabastro antigo...
Frágeis mãos de madona florentina...
— Vamos correr e rir por entre o trigo!

Há rendas de gramíneas pelos montes...
Papoilas rubras nos trigais maduros...
Água azulada a cintilar nas fontes...

E à volta, Amor... tornemos, nas alfombras
Dos caminhos selvagens e escuros,
Num astro só as nossas duas sombras...

Tarde no mar

A tarde é de oiro rútilo: esbraseia.
O horizonte: um cacto purpurino.
E a vaga esbelta que palpita e ondeia,
Com uma frágil graça de menino,

Pousa o manto de arminho na areia
E lá vai, e lá segue o seu destino!
E o sol, nas casas brancas que incendeia,
Desenha mãos sangrentas de assassino!

Que linda tarde aberta sobre o mar!
Vai deitando do céu molhos de rosas
Que Apolo se entretém a desfolhar...

E, sobre mim, em gestos palpitantes,
As tuas mãos morenas, milagrosas,
São as asas do sol, agonizantes...

SE TU VIESSES VER-ME...

Se tu viesses ver-me hoje à tardinha,
A essa hora dos mágicos cansaços,
Quando a noite de manso se avizinha,
E me prendesses toda nos teus braços...

Quando me lembra: esse sabor que tinha
A tua boca... o eco dos teus passos...
O teu riso de fonte... os teus abraços...
Os teus beijos... a tua mão na minha...

Se tu viesses quando, linda e louca,
Traça as linhas dulcíssimas dum beijo
E é de seda vermelha e canta e ri

E é como um cravo ao sol a minha boca...
Quando os olhos se me cerram de desejo...
E os meus braços se estendem para ti...

Mistério

Gosto de ti, ó chuva, nos beirados,
Dizendo coisas que ninguém entende!
Da tua cantilena se desprende
Um sonho de magia e de pecados.

Dos teus pálidos dedos delicados
Uma alada canção palpita e ascende,
Frases que a nossa boca não aprende,
Murmúrios por caminhos desolados.

Pelo meu rosto branco, sempre frio,
Fazes passar o lúgubre arrepio
Das sensações estranhas, dolorosas...

Talvez um dia entenda o teu mistério...
Quando, inerte, na paz do cemitério,
O meu corpo matar a fome às rosas!

O MEU CONDÃO

Quis Deus dar-me o condão de ser sensível
Como o diamante à luz que o alumia,
Dar-me uma alma fantástica, impossível:
— Um bailado de cor e fantasia!

Quis Deus fazer de ti a ambrosia
Desta paixão estranha, ardente, incrível!
Erguer em mim o facho inextinguível,
Como um cinzel vincando uma agonia!

Quis Deus fazer-me tua... para nada!
— Vãos, os meus braços de crucificada,
Inúteis, esses beijos que te dei!

Anda! Caminha! Aonde?... Mas por onde?...
Se a um gesto dos teus a sombra esconde
O caminho de estrelas que tracei...

As minhas mãos

As minhas mãos magritas, afiladas,
Tão brancas como a água da nascente,
Lembram pálidas rosas entornadas
Dum regaço de Infanta do Oriente.

Mãos de ninfa, de fada, de vidente,
Pobrezinhas em sedas enroladas,
Virgens mortas em luz amortalhadas
Pelas próprias mãos de oiro do sol poente.

Magras e brancas... Foram assim feitas...
Mãos de enjeitada porque tu me enjeitas...
Tão doces que elas são! Tão a meu gosto!

Pra que as quero eu — Deus! — Pra que
[as quero eu?!
Ó minhas mãos, aonde está o Céu?
... Aonde estão as linhas do teu rosto?

Noitinha

A noite sobre nós se debruçou...
Minha alma ajoelha, põe as mãos e ora!
O luar, pelas colinas, nesta hora,
É água dum gomil que se entornou...

Não sei quem tanta pérola espalhou!
Murmura alguém pelas quebradas fora...
Flores do campo, humildes, mesmo agora,
A noite os olhos brandos lhes fechou...

Fumo beijando o colmo dos casais...
Serenidade idílica das fontes,
E a voz dos rouxinóis nos salgueirais...

Tranquilidade... calma... anoitecer...
Num êxtase, eu escuto pelos montes
O coração das pedras a bater...

Lembrança

Fui Essa que nas ruas esmolou
E fui a que habitou Paços Reais;
No mármore de curvas ogivais
Fui Essa que as mãos pálidas pousou...

Tanto poeta em versos me cantou!
Fiei o linho à porta dos casais...
Fui descobrir a Índia e nunca mais
Voltei! fui essa nau que não voltou...

Tenho o perfil moreno, lusitano,
E os olhos verdes, cor do verde Oceano,
Sereia que nasceu de navegantes...

Tudo em cinzentas brumas se dilui...
Ah! quem me dera ser "Essas" que eu fui,
As que me lembro de ter sido... dantes!...

A NOSSA CASA

A nossa casa, Amor, a nossa casa!
Onde está ela, Amor, que não a vejo?
Na minha doida fantasia em brasa
Constrói-a, num instante, o meu desejo!

Onde está ela, Amor, a nossa casa,
O bem que neste mundo mais invejo?
O brando ninho aonde o nosso beijo
Será mais puro e doce que uma asa?

Sonho... que eu e tu, dois pobrezinhos,
Andamos de mãos dadas, nos caminhos
Duma terra de rosas, num jardim,

Num país de ilusão que nunca vi...
E que eu moro — tão bom! — dentro de ti
E tu, ó meu Amor, dentro de mim...

Mendiga

Na vida nada tenho e nada sou;
Eu ando a mendigar pelas estradas...
No silêncio das noites estreladas
Caminho, sem saber para onde vou!

Tinha o manto do sol... quem m'o roubou?!
Quem pisou minhas rosas desfolhadas?!
Quem foi que sobre as ondas revoltadas
A minha taça de oiro espedaçou?

Agora vou andando e mendigando,
Sem que um olhar dos mundos infinitos
Veja passar o verme, rastejando...

Ah! quem me dera ser como os chacais
Uivando os brados, rouquejando os gritos
Na solidão dos ermos matagais!...

Supremo enleio

Quanta mulher no teu passado, quanta!
Tanta sombra em redor! Mas que me importa?
Se delas veio o sonho que conforta,
A sua vinda foi três vezes santa!

Erva do chão que a mão de Deus levanta,
Folhas murchas de rojo à tua porta...
Quando eu for uma pobre coisa morta,
Quanta mulher ainda! Quanta! Quanta!

Mas eu sou a manhã: apago estrelas!
Hás de ver-me, beijar-me em todas elas,
Mesmo na boca da que for mais linda!

E quando a derradeira, enfim, vier,
Nesse corpo vibrante de mulher
Será o meu que hás de encontrar ainda...

Toledo

Diluído numa taça de oiro a arder
Toledo é um rubi. E hoje é só nosso!
O sol a rir... Viv'alma... Não esboço
Um gesto que me não sinta esvaecer...

As tuas mãos tateiam-me a tremer...
Meu corpo de âmbar, harmonioso e moço
É como um jasmineiro em alvoroço
Ébrio de sol, de aroma, de prazer!

Cerro um pouco o olhar onde subsiste
Um romântico apelo vago e mudo
— Um grande amor é sempre grave e triste.

Flameja ao longe o esmalte azul do Tejo...[5]
Uma torre ergue ao céu um grito agudo...
Tua boca desfolha-me num beijo...

[5] Rio Tejo o mais extenso da Península Ibérica, banha Lisboa.

Outonal

Caem as folhas mortas sobre o lago!
Na penumbra outonal, não sei quem tece
As rendas do silêncio... Olha, anoitece!
— Brumas longínquas do País do Vago...

Veludos a ondear... Mistério mago...
Encantamento... A hora que não esquece,
A luz que a pouco e pouco desfalece,
Que lança em mim a bênção dum afago...

Outono dos crepúsculos doirados,
De púrpuras, damascos e brocados!
— Vestes a Terra inteira de esplendor!

Outono das tardinhas silenciosas,
Das magníficas noites voluptuosas
Em que eu soluço a delirar de amor...

Ser poeta

Ser poeta é ser mais alto, é ser maior
Do que os homens! Morder como quem beija!
É ser mendigo e dar como quem seja
Rei do Reino de Aquém e de Além Dor!

É ter de mil desejos o esplendor
E não saber sequer que se deseja!
É ter cá dentro um astro que flameja,
É ter garras e asas de condor!

É ter fome, é ter sede de Infinito!
Por elmo, as manhãs de oiro e de cetim...
É condensar o mundo num só grito!

E é amar-te, assim, perdidamente...
É seres alma e sangue e vida em mim
E dizê-lo cantando a toda a gente!

Alvorecer

A noite empalidece. Alvorecer...
Ouve-se mais o gargalhar da fonte...
Sobre a cidade muda, o horizonte
É uma orquídea estranha a florescer.

Há andorinhas prontas a dizer
A missa d' alva, mal o sol desponte.
Gritos de galos soam monte em monte
Numa intensa alegria de viver.

Passos ao longe... um vulto que se esvai...
Em cada sombra Colombina trai...
Anda o silêncio em volta a querer falar...

E o luar que desmaia, macerado,
Lembra, pálido, tonto, esfarrapado,
Um Pierrot, todo branco, a soluçar...

Mocidade

A mocidade esplêndida, vibrante,
Ardente, extraordinária, audaciosa,
Que vê num cardo a folha duma rosa,
Na gota de água o brilho dum diamante;

Essa que fez de mim Judeu Errante
Do espírito, a torrente caudalosa,
Dos vendavais irmã tempestuosa,
— Trago-a em mim vermelha, triunfante!

No meu sangue rubis correm dispersos:
— Chamas subindo ao alto nos meus versos,
Papoilas nos meus lábios a florir!

Ama-me doida, estonteadoramente,
Ó meu Amor! que o coração da gente
É tão pequeno... e a vida, água a fugir...

Amar!

Eu quero amar, amar perdidamente!
Amar só por amar: Aqui... além...
Mais Este e Aquele, o Outro e toda a gente...
Amar! Amar! E não amar ninguém!

Recordar? Esquecer? Indiferente!...
Prender ou desprender? É mal? É bem?
Quem disser que se pode amar alguém
Durante a vida inteira é porque mente!

Há uma Primavera em cada vida:
É preciso cantá-la assim florida,
Pois se Deus nos deu voz, foi pra cantar!

E se um dia hei de ser pó, cinza e nada
Que seja a minha noite uma alvorada,
Que me saiba perder... pra me encontrar...

Nostalgia

Nesse País de lenda, que me encanta,
Ficaram meus brocados, que despi,
E as joias que p'las aias reparti
Como outras rosas de Rainha Santa!

Tanta opala que eu tinha! Tanta, tanta!
Foi por lá que as semeei e que as perdi...
Mostrem-me esse País onde eu nasci!
Mostrem-me o Reino de que eu sou Infanta!

Ó meu País de sonho e de ansiedade,
Não sei se esta quimera que me assombra,
É feita de mentira ou de verdade!

Quero voltar! Não sei por onde vim...
Ah! Não ser mais que a sombra duma sombra
Por entre tanta sombra igual a mim!

Ambiciosa

Para aqueles fantasmas que passaram,
Vagabundos a quem jurei amar,
Nunca os meus braços lânguidos traçaram
O voo dum gesto para os alcançar...

Se as minhas mãos em garra se cravaram
Sobre um amor em sangue a palpitar...
— Quantas panteras bárbaras mataram
Só pelo raro gosto de matar!

Minha alma é como a pedra funerária
Erguida na montanha solitária
Interrogando a vibração dos céus!

O amor dum homem? — Terra tão pisada,
Gota de chuva ao vento baloiçada...
Um homem? — Quando eu sonho o amor
[de um Deus!...

Crucificada

Amiga... noiva... irmã... o que quiseres!
Por ti, todos os céus terão estrelas,
Por teu amor, mendiga, hei de merecê-las
Ao beijar a esmola que me deres.

Podes amar até outras mulheres!
— Hei de compor, sonhar palavras belas,
Lindos versos de dor só para elas,
Para em lânguidas noites lhes dizeres!

Crucificada em mim, sobre os meus braços,
Hei de pousar a boca nos teus passos
Pra não serem pisados por ninguém.

E depois... Ah! Depois de dores tamanhas
Nascerás outra vez de outras entranhas,
Nascerás outra vez de uma outra Mãe!

Espera...

Não me digas adeus, ó sombra amiga,
Abranda mais o ritmo dos teus passos;
Sente o perfume da paixão antiga,
Dos nossos bons e cândidos abraços!

Sou a dona dos místicos cansaços,
A fantástica e estranha rapariga
Que um dia ficou presa nos teus braços...
Não vás ainda embora, ó sombra amiga!

Teu amor fez de mim um lago triste:
Quantas ondas a rir que não lhe ouviste,
Quanta canção de ondinas lá no fundo!

Espera... espera... ó minha sombra amada...
Vê que pra além de mim já não há nada
E nunca mais me encontras neste mundo!...

Interrogação

Neste tormento inútil, neste empenho
De tornar em silêncio o que em mim canta,
Sobem-me roucos brados à garganta
Num clamor de loucura que contenho.

Ó alma da charneca sacrossanta,
Irmã da alma rútila que eu tenho,
Dize para onde eu vou, donde é que venho
Nesta dor que me exalta e me alevanta!

Visões de mundos novos, de infinitos,
Cadências de soluços e de gritos,
Fogueira a esbrasear que me consome!

Dize que mão é esta que me arrasta?
Nódoa de sangue que palpita e alastra...
Dize de que é que eu tenho sede e fome?!

Volúpia

No divino impudor da mocidade,
Nesse êxtase pagão que vence a sorte,
Num frêmito vibrante de ansiedade,
Dou-te o meu corpo prometido à morte!

A sombra entre a mentira e a verdade...
A nuvem que arrastou o vento norte...
— Meu corpo! Trago nele um vinho forte:
Meus beijos de volúpia e de maldade!

Trago dálias vermelhas no regaço...
São os dedos do sol quando te abraço,
Cravados no teu peito como lanças!

E do meu corpo os leves arabescos
Vão-te envolvendo em círculos dantescos
Felinamente, em voluptuosas danças...

Filtro

Meu Amor, não é nada: sons marinhos
Numa concha vazia, choro errante...
Ah, olhos que não choram! Pobrezinhos...
Não há luz neste mundo que os levante!

Eu andarei por ti os maus caminhos
E as minhas mãos, abertas a diamante,
Hão de crucificar-se nos espinhos
Quando o meu peito for o teu mirante!

Para que corpos vis te não desejem,
Hei de dar-te o meu corpo, e a boca minha
Pra que bocas impuras te não beijem!

Como quem roça um lago que sonhou,
Minhas cansadas asas de andorinha
Hão de prender-te todo num só voo...

Mais alto

Mais alto, sim! mais alto, mais além
Do sonho, onde morar a dor da vida,
Até sair de mim! Ser a Perdida,
A que se não encontra! Aquela a quem

O mundo não conhece por Alguém!
Ser orgulho, ser águia na subida,
Até chegar a ser, entontecida,
Aquela que sonhou o meu desdém!

Mais alto, sim! Mais alto! A Intangível
Turris Eburnea[6] erguida nos espaços,
À rutilante luz dum impossível!

Mais alto, sim! Mais alto! Onde couber
O mal da vida dentro dos meus braços,
Dos meus divinos braços de Mulher!

---

[6] *Turris Eburnea* ou "torre de marfim", na tradição judaica/cristã essa expressão é símbolo de pureza. Porém outra denotação sugere que essa "torre de marfim" é um espaço metafísico e idealizado.

Nervos de oiro

Meus nervos, guizos de oiro a tilintar
Cantam-me n' alma a estranha sinfonia
Da volúpia, da mágoa e da alegria,
Que me faz rir e que me faz chorar!

Em meu corpo fremente sem cessar,
Agito os guizos de oiro da folia!
A Quimera, a Loucura, a Fantasia,
Num rubro turbilhão sinto-As passar!

O coração, numa imperial oferta,
Ergo-o ao alto! E, sobre a minha mão,
É uma rosa de púrpura, entreaberta!

E em mim, dentro de mim, vibram dispersos
Meus nervos de oiro, esplêndidos, que são
Toda a Arte suprema dos meus versos!

A voz da tília

Diz-me a tília a cantar: "Eu sou sincera,
Eu sou isto que vês: o sonho, a graça;
Deu ao meu corpo, o vento, quando passa,
Este ar escultural de *bayadera*...

E de manhã o sol é uma cratera,
Uma serpente de oiro que me enlaça...
Trago nas mãos as mãos da Primavera...
E é para mim que em noites de desgraça

Toca o vento Mozart,[7] triste e solene,
E à minha alma vibrante, posta a nu,
Diz a chuva sonetos de Verlaine..."[8]

E, ao ver-me triste, a tília murmurou:
"Já fui um dia poeta como tu...
Ainda hás de ser tília como eu sou..."

---

[7] Wolfgang Amadeus Mozart nasceu em Salzburgo na Áustria em 1756, foi o mais prolífico compositor do período clássico.

[8] Paul Marie Verlaine um dos mais conhecidos poetas franceses, suas principais obras foram *Poèmes saturniens* de 1866 e *Les Poètes maudits* de 1884.

Não ser

Quem me dera voltar à inocência
Das coisas brutas, sãs, inanimadas,
Despir o vão orgulho, a incoerência:
— Mantos rotos de estátuas mutiladas!

Ah! Arrancar às carnes laceradas
Seu mísero segredo de consciência!
Ah! Poder ser apenas florescência
De astros em puras noites deslumbradas!

Ser nostálgico choupo ao entardecer,
De ramos graves, plácidos, absortos
Na mágica tarefa de viver!

Ser haste, seiva, ramaria inquieta,
Erguer ao sol o coração dos mortos
Na urna de oiro duma flor aberta!...

?

Quem fez ao sapo o leito carmesim
De rosas desfolhadas à noitinha?
E quem vestiu de monja a andorinha,
E perfumou as sombras do jardim?

Quem cinzelou estrelas no jasmim?
Quem deu esses cabelos de rainha
Ao girassol? Quem fez o mar? E a minha
Alma a sangrar? Quem me criou a mim?

Quem fez os homens e deu vida aos lobos?
Santa Teresa em místicos arroubos?
Os monstros? E os profetas? E o luar?

Quem nos deu asas para andar de rastros?
Quem nos deu olhos para ver os astros
— Sem nos dar braços para os alcançar?

In memoriam

Ao meu morto querido

Na cidade de Assis, "il Poverello"
Santo, três vezes santo, andou pregando
Que o sol, a terra, a flor, o rocio brando,
Da pobreza o tristíssimo flagelo,

Tudo quanto há de vil, quanto há de belo,
Tudo era nosso irmão! — E assim sonhando,
Pelas estradas da Umbria foi forjando
Da cadeia do amor o maior elo!

"Olha o nosso irmão Sol, nossa irmã Água..."
Ah! Poverello! Em mim, essa lição
Perdeu-se como vela em mar de mágoa

Batida por furiosos vendavais!
— Eu fui na vida a irmã de um só Irmão,
E já não sou a irmã de ninguém mais!

Árvores do Alentejo

Ao Prof. Guido Battelli

Horas mortas... Curvada aos pés do Monte
A planície é um brasido... e, torturadas,
As árvores sangrentas, revoltadas,
Gritam a Deus a bênção duma fonte!

E quando, manhã alta, o sol posponte
A oiro a giesta, a arder, pelas estradas,
Esfíngicas, recortam desgrenhadas
Os trágicos perfis no horizonte!

Árvores! Corações, almas que choram,
Almas iguais à minha, almas que imploram
Em vão remédio para tanta mágoa!

Árvores! Não choreis! Olhai e vede:
— Também ando a gritar, morta de sede,
Pedindo a Deus a minha gota de água!

Quem sabe?...

Ao Angelo

Queria tanto saber por que sou Eu!
Quem me enjeitou neste caminho escuro?
Queria tanto saber por que seguro
Nas minhas mãos o bem que não é meu!

Quem me dirá se, lá no alto, o céu
Também é para o mau, para o perjuro?
Para onde vai a alma, que morreu?
Queria encontrar Deus! Tanto o procuro!

A estrada de Damasco, o meu caminho,
O meu bordão de estrelas de ceguinho,
Água da fonte de que estou sedenta!

Quem sabe se este anseio de Eternidade,
A tropeçar na sombra, é a Verdade,
É já a mão de Deus que me acalenta?

A minha piedade

Ao Bourbon e Menezes

Tenho pena de tudo quanto lida
Neste mundo, de tudo quanto sente,
Daquele a quem mentiram, de quem mente,
Dos que andam pés descalços pela vida;

Da rocha altiva, sobre o monte erguida,
Olhando os céus ignotos frente a frente;
Dos que não são iguais à outra gente,
E dos que se ensanguentam na subida!

Tenho pena de mim... pena de ti...
De não beijar o riso duma estrela...
Pena dessa má hora em que nasci...

De não ter asas para ir ver o céu...
De não ser Esta... a Outra... e mais Aquela...
De ter vivido, e não ter sido Eu...

Sou eu!

A Laura Chaves

Pelos campos em fora, pelos combros,
Pelos montes que embalam a manhã,
Largo os meus rubros sonhos de pagã,
Enquanto as aves pousam nos meus ombros...

Em vão me sepultaram entre escombros
De catedrais de uma escultura vã!
Olha-me o loiro sol tonto de assombros,
E as nuvens, a chorar, chamam-me irmã!

Ecos longínquos de ondas... de universos...
Ecos de um mundo... de um distante Além,
De onde eu trouxe a magia dos meus versos!

Sou eu! Sou eu! A que nas mãos ansiosas
Prendeu da vida, assim como ninguém,
Os maus espinhos sem tocar nas rosas!

PANTEÍSMO

Ao Boto de Carvalho

Tarde de brasa a arder, sol de verão
Cingindo, voluptuoso, o horizonte...
Sinto-me luz e cor, ritmo e clarão
De um verso triunfal de Anacreonte!

Vejo-me asa no ar, erva no chão,
Oiço-me gota de água a rir, na fonte,
E a curva altiva e dura do Marão
É o meu corpo transformado em monte!

E de bruços na terra penso e cismo
Que, neste meu ardente panteísmo,
Nos meus sentidos postos, absortos

Nas coisas luminosas deste mundo,
A minha alma é o túmulo profundo
Onde dormem, sorrindo, os deuses mortos!

Minha terra[9]

A José Emídio Amaro

Ó minha terra na planície rasa,
Branca de sol e cal e de luar,
Minha terra que nunca viste o mar,
Onde tenho o meu pão e a minha casa.

Minha terra de tardes sem uma asa,
Sem um bater de folhas... a dormitar...
Meu anel de rubis a flamejar,
Minha terra mourisca a arder em brasa!

Minha terra onde meu irmão nasceu
Aonde a mãe que eu tive e que morreu
Foi moça e loira, amou e foi amada!

Truz... Truz... Truz... — Eu não tenho
[onde me acoite,
Sou um pobre de longe, é quase noite,
Terra, quero dormir, dá-me pousada!...

[9] Florbela escreveu esse poema em 1929 com o título "Minha Terra", em que poetiza sobre Vila Viçosa, posteriormente esse poema foi republicado com o nome "Pobre de Cristo".

A UMA RAPARIGA

À Nice

Abre os olhos e encara a vida! A sina
Tem que cumprir-se! Alarga os horizontes!
Por sobre lamaçais alteia pontes
Com tuas mãos preciosas de menina.

Nessa estrada da vida que fascina
Caminha sempre em frente, além dos montes!
Morde os frutos a rir! Bebe nas fontes!
Beija aqueles que a sorte te destina!

Trata por tu a mais longínqua estrela,
Escava com as mãos a própria cova
E depois, a sorrir, deita-te nela!

Que as mãos da terra façam, com amor,
Da graça do teu corpo, esguia e nova,
Surgir à luz a haste de uma flor!...

Minha culpa

A Artur Ledesma

Sei lá! Sei lá! Eu sei lá bem
Quem sou? Um fogo-fátuo, uma miragem...
Sou um reflexo... um canto de paisagem
Ou apenas cenário! Um vaivém

Como a sorte: hoje aqui, depois além!
Sei lá quem sou? Sei lá! Sou a roupagem
De um doido que partiu numa romagem
E nunca mais voltou! Eu sei lá quem!...

Sou um verme que um dia quis ser astro...
Uma estátua truncada de alabastro...
Uma chaga sangrenta do Senhor...

Sei lá quem sou?! Sei lá! Cumprindo os fados,
Num mundo de maldades e pecados,
Sou mais um mau, sou mais um pecador...

Teus olhos

Olhos do meu Amor! Infantes loiros
Que trazem os meus presos, endoidados!
Neles deixei, um dia, os meus tesouros:
Meus anéis, minhas rendas, meus brocados.

Neles ficaram meus palácios moiros,
Meus carros de combate, destroçados,
Os meus diamantes, todos os meus oiros
Que trouxe d'Além-Mundos ignorados!

Olhos do meu Amor! Fontes... cisternas...
Enigmáticas campas medievais...
Jardins de Espanha... catedrais eternas...

Berço vindo do céu à minha porta...
Ó meu leito de núpcias irreais!...
Meu suntuoso túmulo de morta!...

He hum não querer mais que bem querer.

Camões

I

Gosto de ti apaixonadamente,
De ti que és a vitória, a salvação,
De ti que me trouxeste pela mão
Até ao brilho desta chama quente.

A tua linda voz de água corrente
Ensinou-me a cantar... e essa canção
Foi ritmo nos meus versos de paixão,
Foi graça no meu peito de descrente.

Bordão a amparar minha cegueira,
Da noite negra o mágico farol,
Cravos rubros a arder numa fogueira!

E eu, que era neste mundo uma vencida,
Ergo a cabeça ao alto, encaro o sol!
— Águia real, apontas-me a subida!

II

Meu amor, meu Amado, vê... repara:
Pousa os teus lindos olhos de oiro em mim,
— Dos meus beijos de amor Deus fez-me avara
Para nunca os contares até ao fim.

Meus olhos têm tons de pedra rara
— É só para teu bem que os tenho assim —
E as minhas mãos são fontes de água clara
A cantar sobre a sede dum jardim.

Sou triste como a folha ao abandono
Num parque solitário, pelo Outono,
Sobre um lago onde vogam nenúfares...

Deus fez-me atravessar o teu caminho...
— Que contas dás a Deus indo sozinho,
Passando junto a mim, sem me encontrares? —

III

Frêmito do meu corpo a procurar-te,
Febre das minhas mãos na tua pele
Que cheira a âmbar, a baunilha e a mel,
Doido anseio dos meus braços a abraçar-te,

Olhos buscando os teus por toda a parte,
Sede de beijos, amargor de fel,
Estonteante fome, áspera e cruel,
Que nada existe que a mitigue e a farte!

E vejo-te tão longe! Sinto a tua alma
Junto da minha, uma lagoa calma,
A dizer-me, a cantar que me não amas...

E o meu coração que tu não sentes,
Vai boiando ao acaso das correntes,
Esquife negro sobre um mar de chamas...

IV

És tu! És tu! Sempre vieste, enfim!
Oiço de novo o riso dos teus passos!
És tu que eu vejo a estender-me os braços
Que Deus criou pra me abraçar a mim!

Tudo é divino e santo visto assim...
Foram-se os desalentos, os cansaços...
O mundo não é mundo: é um jardim!
Um céu aberto: longes, os espaços!

Prende-me toda, Amor, prende-me bem!
Que vês tu em redor? Não há ninguém!
A Terra? — Um astro morto que flutua...

Tudo o que é chama a arder, tudo o que sente,
Tudo o que é vida e vibra eternamente
É tu seres meu, Amor, e eu ser tua!

V

Dize-me, Amor, como te sou querida,
Conta-me a glória do teu sonho eleito,
Aninha-me a sorrir junto ao teu peito,
Arranca-me dos pântanos da vida.

Embriagada numa estranha lida,
Trago nas mãos o coração desfeito.
Mostra-me a luz, ensina-me o preceito
Que me salve e levante redimida!

Nesta negra cisterna em que me afundo,
Sem quimeras, sem crenças, sem ternura,
Agonia sem fé dum moribundo,

Grito o teu nome numa sede estranha,
Como se fosse, Amor, toda a frescura
Das cristalinas águas da montanha!

VI

Falo de ti às pedras das estradas,
E ao sol que é loiro como o teu olhar,
Falo ao rio, que desdobra a faiscar,
Vestidos de Princesas e de Fadas;

Falo às gaivotas de asas desdobradas,
Lembrando lenços brancos a acenar,
E aos mastros que apunhalam o luar
Na solidão das noites consteladas;

Digo os anseios, os sonhos, os desejos
De onde a tua alma, tonta de vitória,
Levanta ao céu a torre dos meus beijos!

E os meus gritos de amor, cruzando o espaço,
Sobre os brocados fúlgidos da glória,
São astros que me tombam do regaço!

VII

São mortos os que nunca acreditaram
Que esta vida é somente uma passagem,
Um atalho sombrio, uma paisagem
Onde os nossos sentidos se pousaram.

São mortos os que nunca alevantaram
De entre escombros a Torre de Menagem
Dos seus sonhos de orgulho e de coragem,
E os que não riram e os que não choraram.

Que Deus faça de mim, quando eu morrer,
Quando eu partir para o País da Luz,
A sombra calma de um entardecer,

Tombando, em doces pregas de mortalha,
Sobre o teu corpo heroico, posto em cruz,
Na solidão dum campo de batalha!

VIII

Abrir os olhos, procurar a luz,
De coração erguido ao alto, em chama,
Que tudo neste mundo se reduz
A ver os astros cintilar na lama!

Amar o sol da glória e a voz da fama
Que em clamorosos gritos se traduz!
Com misericórdia, amar quem nos não ama,
E deixar que nos preguem numa cruz!

Sobre um sonho desfeito erguer a torre
Doutro sonho mais alto e, se esse morre
Mais outro e outro ainda, toda a vida!

Que importa que nos vençam desenganos,
Se pudermos contar os nossos anos
Assim como degraus duma subida?

IX

Perdi os meus fantásticos castelos
Como névoa distante que se esfuma...
Quis vencer, quis lutar, quis defendê-los:
Quebrei as minhas lanças uma a uma!

Perdi minhas galeras entre os gelos
Que se afundaram sobre um mar de bruma...
— Tantos escolhos! Quem podia vê-los?
Deitei-me ao mar e não salvei nenhuma!

Perdi a minha taça, o meu anel,
A minha cota de aço, o meu corcel,
Perdi meu elmo de oiro e pedrarias...

Sobem-me aos lábios súplicas estranhas...
Sobre o meu coração pesam montanhas...
Olho assombrada as minhas mãos vazias...

X

Eu queria mais altas as estrelas,
Mais largo o espaço, o sol mais criador,
Mais refulgente a lua, o mar maior,
Mais cavadas as ondas e mais belas;

Mais amplas, mais rasgadas as janelas
Das almas, mais rosais a abrir em flor,
Mais montanhas, mais asas de condor,
Mais sangue sobre a cruz das caravelas!

E abrir os braços e viver a vida:
— Quanto mais funda e lúgubre a descida,
Mais alta é a ladeira que não cansa!

E, acabada a tarefa... em paz, contente,
Um dia adormecer, serenamente,
Como dorme no berço uma criança!

Reliquiae 1931

(Versos póstumos publicados pela primeira vez na 2ª edição de *Charneca em Flor* em 1931)

Évora

Ao amigo vindo da luminosa
Itália, a minha cidade, como eu
soturna e triste...

Évora! Ruas ermas sob os céus
Cor de violetas roxas... Ruas frades
Pedindo em triste penitência a Deus
Que nos perdoe as míseras vaidades!

Tenho corrido em vão tantas cidades!
E só aqui recordo os beijos teus,
E só aqui eu sinto que são meus
Os sonhos que sonhei noutras idades!

Évora!... O teu olhar... o teu perfil...
Tua boca sinuosa, um mês de Abril,
Que o coração no peito me alvoroça!

... Em cada viela o vulto dum fantasma...
E a minh'alma soturna escuta e pasma...
E sente-se passar *menina e moça*...

À janela de Garcia de Resende

Janela antiga sobre a rua plana...
Ilumina-a o luar com seu clarão...
Dantes, a descansar de luta insana,
Fui, talvez, flor no poético balcão...

Dantes! Da minha glória altiva e ufana,
Talvez... Quem sabe?... Tonto de ilusão,
Meu rude coração de alentejana
Me palpitasse ao luar nesse balcão...

Mística dona, em outras Primaveras,
Em refulgentes horas de outras eras,
Vi passar o cortejo ao sol doirado...

Bandeiras! Pajens! O pendão real!
E na tua mão, vermelha, triunfal,
Minha divisa: um coração chagado!...

O MEU IMPOSSÍVEL

Minh'alma ardente é uma fogueira acesa,
É um brasido enorme a crepitar!
Ânsia de procurar sem encontrar
A chama onde queimar uma incerteza!

Tudo é vago e incompleto! E o que mais pesa
É nada ser perfeito. É deslumbrar
A noite tormentosa até cegar,
E tudo ser em vão! Deus, que tristeza!...

Aos meus irmãos na dor já disse tudo
E não me compreenderam!... Vão e mudo
Foi tudo o que entendi e o que pressinto...

Mas se eu pudesse a mágoa que em mim chora
Contar, não a chorava como agora,
Irmãos, não a sentia como a sinto!...

Em vão

Passo triste na vida e triste sou,
Um pobre a quem jamais quiseram bem!
Um caminhante exausto que passou,
Que não diz onde vai nem donde vem.

Ah! Sem piedade, a rir, tanto desdém
A flor da minha boca desdenhou!
Solitário convento onde ninguém
A silenciosa cela procurou!

E eu quero bem a tudo, a toda a gente...
Ando a amar assim, perdidamente,
A acalentar o mundo nos meus braços!

E tem passado, em vão, a mocidade
Sem que no meu caminho uma saudade
Abra em flores a sombra dos meus passos!

Voz que se cala

Amo as pedras, os astros e o luar
Que beija as ervas do atalho escuro,
Amo as águas de anil e o doce olhar
Dos animais, divinamente puro.

Amo a hera que entende a voz do muro
E dos sapos, o brando tilintar
De cristais que se afagam devagar,
E da minha charneca o rosto duro.

Amo todos os sonhos que se calam
De corações que sentem e não falam,
Tudo o que é Infinito e pequenino!

Asa que nos protege a todos nós!
Soluço imenso, eterno, que é a voz
Do nosso grande e mísero Destino!...

Para quê?

Ao velho amigo João

Para que ser o musgo do rochedo
Ou urze atormentada da montanha?
Se a arranca a ansiedade e o medo
E este enleio e esta angústia estranha

E todo este feitiço e este enredo
Do nosso próprio peito? E é tamanha
E tão profunda a gente que o segredo
Da vida como um grande mar nos banha?

Pra que ser asa quando a gente voa,
De que serve ser cântico se entoa
Toda a canção de amor do Universo?

Para que ser altura e ansiedade,
Se se pode gritar uma Verdade
Ao mundo vão nas sílabas dum verso?

Sonho vago

Um sonho alado que nasceu um instante,
Erguido ao alto em horas de demência...
Gotas de água que tombam em cadência
Na minh'alma tristíssima, distante...

Onde está ele, o Desejado? O Infante?
O que há de vir e amar-me em doida ardência?
O das horas de mágoa e penitência?
O Príncipe Encantado? O Eleito? O Amante?

E neste sonho eu já nem sei quem sou...
O brando marulhar dum longo beijo
Que não chegou a dar-se e que passou...

Um fogo-fátuo rútilo, talvez...
E eu ando a procurar-te e já te vejo!
E tu já me encontraste e não me vês!...

Primavera

É Primavera agora, meu Amor!
O campo despe a veste de estamenha;
Não há árvore nenhuma que não tenha
O coração aberto, todo em flor!

Ah! Deixa-te vogar, calmo, ao sabor
Da vida... não há bem que nos não venha
Dum mal que o nosso orgulho em vão desdenha!
Não há bem que não possa ser melhor!

Também despi meu triste burel pardo,
E agora cheiro a rosmaninho e a nardo
E ando agora tonta, à tua espera...

Pus rosas cor-de-rosa em meus cabelos...
Parecem um rosal! Vem desprendê-los!
Meu Amor, meu Amor, é Primavera!...

Blasfêmia

Silêncio, meu Amor, não digas nada!
Cai a noite nos longes donde vim...
Toda eu sou alma e amor, sou um jardim,
Um pátio alucinante de Granada!

Dos meus cílios a sombra enluarada,
Quando os teus olhos descem sobre mim,
Traça trêmulas hastes de jasmim
Na palidez da face extasiada!

Sou no teu rosto a luz que o alumia,
Sou a expressão das tuas mãos de raça,
E os beijos que me dás já foram meus!

Em ti sou Glória, Altura e Poesia!
E vejo-me — milagre cheio de graça! —
Dentro de ti, em ti igual a Deus!...

O TEU OLHAR

Passam no teu olhar nobres cortejos,
Frotas, pendões ao vento sobranceiros,
Lindos versos de antigos romanceiros,
Céus do Oriente, em brasa, como beijos.

Mares onde não cabem teus desejos;
Passam no teu olhar mundos inteiros,
Todo um povo de heróis e marinheiros,
Lanças nuas em rútilos lampejos;

Passam lendas e sonhos e milagres!
Passa a Índia, a visão do Infante em Sagres,
Em centelhas de crença e de certeza!

E ao sentir-te tão grande, ao ver-te assim,
Amor, julgo trazer dentro de mim
Um pedaço da terra portuguesa!

Noite de chuva

Chuva... Que gotas grossas!... Vem ouvir:
Uma... duas... mais outra que desceu...
É Viviana, é Melusina, a rir,
São rosas brancas dum rosal do Céu...

Os lilases deixaram-se dormir...
Nem um frêmito... a terra emudeceu...
Amor! Vem ver estrelas a cair:
Uma... duas... mais outra que desceu...

Fala baixo, juntinho ao meu ouvido,
Que essa fala de amor seja um gemido,
Um murmúrio, um soluço, um ai desfeito...

Ah! deixa à noite o seu encanto triste!
E a mim... o teu amor que mal existe,
Chuva a cair na noite do meu peito!

TARDE DE MÚSICA

Só Schumann, meu Amor! Serenidade...
Não assustes os sonhos... Ah! não varras
As quimeras... Amor, senão esbarras
Na minha vaga imaterialidade...

Liszt, agora o brilhante; o piano arde...
Beijos alados... ecos de fanfarras...
Pétalas dos teus dedos feitos garras...
Como cai em pó de oiro o ar da tarde!

Eu olhava para ti... "é lindo! Ideal!"
Gemeram nossas vozes confundidas.
— Havia rosas cor-de-rosa aos molhos —

Falavas de Liszt e eu... da musical
Harmonia das pálpebras descidas,
Do ritmo dos teus cílios sobre os olhos...

CHOPIN

Não se acende hoje a luz... Todo o luar
Fique lá fora. Bem Aparecidas
As estrelas miudinhas, dando no ar
As voltas dum cordão de margaridas!

Entram falenas meio entontecidas...
Lusco-fusco... um morcego a palpitar
Passa... torna a passar... torna a passar...
As coisas têm o ar de adormecidas...

Mansinho... Roça os dedos p'lo teclado,
No vago arfar que tudo alteia e doira,
Alma, Sacrário de Almas, meu Amado!

E, enquanto o piano a doce queixa exala,
Divina e triste, a grande sombra loira
Vem para mim da escuridão da sala...

O meu desejo

Vejo-te só a ti no azul dos céus,
Olhando a nuvem de oiro que flutua...
Ó minha perfeição que criou Deus
E que num dia lindo me fez sua!

Nos vultos que diviso pela rua,
Que cruzam os seus passos com os meus...
Minha boca tem fome só da tua!
Meus olhos têm sede só dos teus!

Sombra da tua sombra, doce e calma,
Sou a grande quimera da tua alma
E, sem viver, ando a viver contigo...

Deixa-me andar assim no teu caminho
Por toda a vida, Amor, devagarinho,
Até a Morte me levar consigo...

Escrava

Ó meu Deus, ó meu dono, ó meu senhor,
Eu te saúdo, olhar do meu olhar,
Fala da minha boca a palpitar,
Gesto das minhas mãos tontas de amor!

Que te seja propício o astro e a flor,
Que a teus pés se incline a terra e o mar,
P'los séculos dos séculos sem par,
Ó meu Deus, ó meu dono, ó meu senhor!

Eu, doce e humilde escrava, te saúdo,
E, de mãos postas, em sentida prece,
Canto teus olhos de oiro e de veludo.

Ah! esse verso imenso de ansiedade,
Esse verso de amor que te fizesse
Ser eterno por toda a Eternidade!...

Divino instante

Ser uma pobre morta inerte e fria,
Hierática, deitada sob a terra,
Sem saber se no mundo há paz ou guerra,
Sem ver nascer, sem ver morrer o dia,

Luz apagada ao alto e que alumia,
Boca fechada à fala que não erra,
Urna de bronze que a Verdade encerra,
Ah! ser Eu essa morta inerte e fria!

Ah! fixar o efêmero! Esse instante
Em que o teu beijo sôfrego de amante
Queima o meu corpo frágil de âmbar loiro;

Ah! fixar o momento em que, dolente,
Tuas pálpebras descem, lentamente,
Sobre a vertigem dos teus olhos de oiro!

Silêncio!...

No fadário que é meu, neste penar,
Noite alta, noite escura, noite morta,
Sou o vento que geme e quer entrar,
Sou o vento que vai bater-te à porta...

Vivo longe de ti, mas que me importa?
Se eu já não vivo em mim! Ando a vaguear
Em roda à tua casa, a procurar
Beber-te a voz, apaixonada, absorta!

Estou junto de ti e não me vês...
Quantas vezes no livro que tu lês
Meu olhar se pousou e se perdeu!

Trago-te como um filho nos meus braços!
E na tua casa... Escuta!... Uns leves passos...
Silêncio, meu Amor!... Abre! Sou eu!...

O MAIOR BEM

Este querer-te bem sem me quereres,
Este sofrer por ti constantemente,
Andar atrás de ti sem tu me veres
Faria piedade a toda a gente.

Mesmo a beijar-me a tua boca mente...
Quantos sangrentos beijos de mulheres
Pousa na minha a tua boca ardente,
E quanto engano nos seus vãos dizeres!...

Mas que me importa a mim que me não queiras,
Se esta pena, esta dor, estas canseiras,
Este mísero pungir, árduo e profundo

Do teu frio desamor, dos teus desdéns,
É, na vida, o mais alto dos meus bens?
É tudo quanto eu tenho neste mundo?

Os meus versos

Rasga esses versos que eu te fiz, Amor!
Deita-os ao nada, ao pó, ao esquecimento,
Que a cinza os cubra, que os arraste o vento,
Que a tempestade os leve aonde for!

Rasga-os na mente, se os souberes de cor,
Que volte ao nada o nada de um momento!
Julguei-me grande pelo sentimento,
E pelo orgulho ainda sou maior!...

Tanto verso já disse o que eu sonhei!
Tantos penaram já o que eu penei!
Asas que passam, todo o mundo as sente...

Rasgas os meus versos... Pobre endoidecida!
Como se um grande amor cá nesta vida
Não fosse o mesmo amor de toda a gente!...

Amor que morre

O nosso amor morreu... Quem o diria!
Quem o pensara mesmo ao ver-me tonta,
Ceguinha de te ver, sem ver a conta
Do tempo que passava, que fugia!

Bem estava a sentir que ele morria...
E outro clarão, ao longe, já desponta!
Um engano que morre... e logo aponta
A luz doutra miragem fugidia...

Eu bem sei, meu Amor, que pra viver
São precisos amores, pra morrer,
E são precisos sonhos pra partir.

E bem sei, meu Amor, que era preciso
Fazer do amor que parte o claro riso
De outro amor impossível que há de vir!

Sobre a neve

Sobre mim, teu desdém pesado jaz
Como um manto de neve... Quem dissera
Porque tombou em plena Primavera
Toda essa neve que o Inverno traz!

Coroavas-me inda há pouco de lilás
E de rosas silvestres... quando eu era
Aquela que o Destino prometera
Aos teus rútilos sonhos de rapaz!

Dos beijos que me deste não te importas,
Asas paradas de andorinhas mortas...
Folhas de Outono e correria louca...

Mas inda um dia, em mim, ébrio de cor,
Há de nascer um roseiral em flor
Ao sol de Primavera doutra boca!

Eu não sou de ninguém...

... ...
... ...
... ...
... ...

Eu não sou de ninguém!... Quem me quiser
Há de ser luz do sol em tardes quentes;
Nos olhos de água clara há de trazer
As fúlgidas pupilas dos videntes!

Há de ser seiva no botão repleto,
Voz no murmúrio do pequeno inseto,
Vento que enfuna as velas sobre os mastros!...

Há de ser Outro e Outro num momento!
Força viva, brutal, em movimento,
Astro arrastando catadupas de astros!

VÃO ORGULHO

Neste mundo vaidoso o amor é nada,
É um orgulho a mais, outra vaidade,
A coroa de loiros desfolhada
Com que se espera a Imortalidade.

Ser Beatriz! Natércia! Irrealidade...
Mentira... Engano de alma desvairada...
Onde está desses braços a verdade,
Essa fogueira em cinzas apagada?...

Mentira! Não te quis... não me quiseste...
Eflúvios sutis dum bem celeste?
Gestos... palavras sem nenhum condão...

Mentira! Não fui tua... não! Somente...
Quis ser mais do que sou, mais do que gente,
No alto orgulho de o ter sido em vão!

Último sonho de "Sóror Saudade"

Àquele que se perdera no caminho...

Sóror Saudade abriu a sua cela...
E, num encanto que ninguém traduz,
Despiu o manto negro que era dela,
Seu vestido de noiva de Jesus.

E a noite escura, extasiada, ao vê-la,
As brancas mãos no peito quase em cruz,
Teve um brilhar feérico de estrela
Que se esfolhasse em pétalas de luz!

Sóror Saudade olhou... Que olhar profundo
Que sonha e espera?... Ah! como é feio o mundo,
E os homens vãos! — Então, devagarinho,

Sóror Saudade entrou no seu convento...
E, até morrer, rezou, sem um lamento,
Por *Um* que se perdera no caminho!...

Esquecimento

Esse de quem eu era e que era meu,
Que foi um sonho e foi realidade,
Que me vestiu a alma de saudade,
Para sempre de mim desapareceu.

Tudo em redor então escureceu,
E foi longínqua toda a claridade!
Ceguei... tateio sombras... que ansiedade!
Apalpo cinzas porque tudo ardeu!

Descem em mim poentes de Novembro...
A sombra dos meus olhos, a escurecer...
Veste de roxo e negro os crisântemos...

E desse que era meu já me não lembro...
Ah! a doce agonia de esquecer
A lembrar doidamente o que esquecemos!...

Loucura

Tudo cai! Tudo tomba! Derrocada
Pavorosa! Não sei onde era dantes.
Meu solar, meus palácios, meus mirantes!
Não sei de nada, Deus, não sei de nada!...

Passa em tropel febril a cavalgada
Das paixões e loucuras triunfantes!
Rasgam-se as sedas, quebram-se os diamantes!
Não tenho nada, Deus, não tenho nada!...

Pesadelos de insônia, ébrios de anseio!
Loucura a esboçar-se, a enegrecer
Cada vez mais as trevas do meu seio!

Ó pavoroso mal de ser sozinha!
Ó pavoroso e atroz mal de trazer
Tantas almas a rir dentro da minha!

Deixai entrar a morte

Deixai entrar a Morte, a Iluminada,
A que vem pra mim, pra me levar.
Abri todas as portas par em par
Como asas a bater em revoada.

Que sou eu neste mundo? A deserdada,
A que prendeu nas mãos todo o luar,
A vida inteira, o sonho, a terra, o mar,
E que, ao abri-las, não encontrou nada!

Ó Mãe! Ó minha Mãe, pra que nasceste?
Entre agonias e em dores tamanhas
Pra que foi, dize lá, que me trouxeste

Dentro de ti?... Pra que eu tivesse sido
Somente o fruto amargo das entranhas
Dum lírio que em má hora foi nascido!...

À MORTE

Morte, minha Senhora Dona Morte,
Tão bom que deve ser o teu abraço!
Lânguido e doce como um doce laço
E, como uma raiz, sereno e forte.

Não há mal que não sare ou não conforte
Tua mão que nos guia passo a passo,
Em ti, dentro de ti, no teu regaço
Não há triste destino nem má sorte.

Dona Morte dos dedos de veludo,
Fecha-me os olhos que já viram tudo!
Prende-me as asas que voaram tanto!

Vim da Moirama, sou filha de rei,
Má fada me encantou e aqui fiquei
À tua espera... quebra-me o encanto!

Pobrezinha

Nas nossas duas sinas tão contrárias
Um pelo outro somos ignorados:
Sou filha de regiões imaginárias,
Tu pisas mundos firmes já pisados.

Trago no olhar visões extraordinárias
De coisas que abracei de olhos fechados...
Em mira não trago nada, como os párias...
Só tenho os astros, como os deserdados...

E das tuas riquezas e de ti
Nada me deste e eu nada recebi,
Nem o beijo que passa e que consola.

E o meu corpo, minh'alma e coração
Tudo em risos pousei na tua mão!...
... Ah! como é bom um pobre dar esmola!...

Roseira brava

Há nos teus olhos de oiro um tal fulgor
E no teu riso tanta claridade,
Que o lembrar-me de ti é ter saudade
Duma roseira brava toda em flor.

Tuas mãos foram feitas para a dor,
Para os gestos de doçura e piedade;
E os teus beijos de sonho e de ansiedade
São como a alma a arder do próprio Amor!

Nasci envolta em trajes de mendiga;
E, ao dares-me o teu amor de maravilha,
Deste-me o manto de oiro de rainha!

Tua irmã... teu amor... e tua amiga...
E também, toda em flor, a tua filha,
Minha roseira brava que é só minha!...

Navios-fantasmas

O arabesco fantástico do fumo
Do meu cigarro traça o que disseste,
A azul, no ar, e o que me escreveste,
E tudo o que sonhaste e eu presumo.

Para a minha alma estática e sem rumo,
A lembrança de tudo o que me deste
Passa como o navio que perdeste,
No arabesco fantástico do fumo...

Lá vão! Lá vão! Sem velas e sem mastros,
Têm o brilho rutilante de astros,
Navios-fantasmas, perdem-se a distância!

Vão-me buscar, sem mastros e sem velas,
Noiva-menina, as doidas caravelas,
Ao ignoto País da minha infância...

O meu soneto

Em atitudes e em ritmos fleumáticos
Erguendo as mãos em gestos recolhidos,
Todos brocados fúlgidos, hieráticos,
Em ti andam bailando os meus sentidos...

E os meus olhos serenos, enigmáticos
Meninos que na estrada andam perdidos,
Dolorosos, tristíssimos, extáticos,
São letras de poemas nunca lidos...

As magnólias abertas dos meus dedos
São mistérios, são filtros, são enredos
Que pecados de amor trazem de rastros...

E a minha boca, a rútila manhã,
Na Via Láctea, lírica, pagã,
A rir desfolha as pétalas dos astros!...

Nihil novum[10]

Na penumbra do pórtico encantado
De Bruges, noutras eras, já vivi;
Vi os templos do Egito com Loti;
Lancei flores, na Índia, ao rio sagrado.

No horizonte de bruma opalizado,
Frente ao Bósforo errei, pensando em ti
O silêncio dos claustros conheci
Pelos poentes de nácar e brocado...

Mordi as rosas brancas de Ispaã
E o gosto a cinza em todas era igual!
Sempre a charneca bárbara e deserta,

Triste, a florir, numa ansiedade vã!
Sempre da vida — o mesmo estranho mal,
E o coração — a mesma chaga aberta!

[10] Em latim "Nada novo"

O objetivo, a filosofia e a missão da Editora Martin Claret

O principal objetivo da Martin Claret é contribuir para a difusão da educação e da cultura, por meio da democratização do livro, usando os canais de comercialização habituais, além de criar novos.

A filosofia de trabalho da Martin Claret consiste em produzir livros de qualidade a um preço acessível, para que possam ser apreciados pelo maior número possível de leitores.

A missão da Martin Claret é conscientizar e motivar as pessoas a desenvolver e utilizar o seu pleno potencial espiritual, mental, emocional e social.

O livro muda as pessoas. Revolucione-se: leia mais para ser mais!

MARTIN CLARET

Relação dos Volumes Publicados

1. Dom Casmurro
Machado de Assis
2. O Príncipe
Maquiavel
3. Mensagem
Fernando Pessoa
4. O Lobo do Mar
Jack London
5. A Arte da Prudência
Baltasar Gracián
6. Iracema / Cinco Minutos
José de Alencar
7. Inocência
Visconde de Taunay
8. A Mulher de 30 Anos
Honoré de Balzac
9. A Moreninha
Joaquim Manuel de Macedo
10. A Escrava Isaura
Bernardo Guimarães
11. As Viagens - "Il Milione"
Marco Polo
12. O Retrato de Dorian Gray
Oscar Wilde
13. A Volta ao Mundo em 80 Dias
Júlio Verne
14. A Carne
Júlio Ribeiro
15. Amor de Perdição
Camilo Castelo Branco
16. Sonetos
Luís de Camões
17. O Guarani
José de Alencar
18. Memórias Póstumas de Brás Cubas
Machado de Assis
19. Lira dos Vinte Anos
Álvares de Azevedo
20. Apologia de Sócrates / Banquete
Platão
21. A Metamorfose/Um Artista da Fome/Carta ao Pai
Franz Kafka
22. Assim Falou Zaratustra
Friedrich Nietzsche
23. Triste Fim de Policarpo Quaresma
Lima Barreto
24. A Ilustre Casa de Ramires
Eça de Queirós
25. Memórias de um Sargento de Milícias
Manuel Antônio de Almeida
26. Robinson Crusoé
Daniel Defoe
27. Espumas Flutuantes
Castro Alves
28. O Ateneu
Raul Pompeia
29. O Noviço / O Juiz de Paz da Roça / Quem Casa Quer Casa
Martins Pena
30. A Relíquia
Eça de Queirós
31. O Jogador
Dostoiévski
32. Histórias Extraordinárias
Edgar Allan Poe
33. Os Lusíadas
Luís de Camões
34. As Aventuras de Tom Sawyer
Mark Twain
35. Bola de Sebo e Outros Contos
Guy de Maupassant
36. A República
Platão
37. Elogio da Loucura
Erasmo de Rotterdam
38. Caninos Brancos
Jack London
39. Hamlet
William Shakespeare
40. A Utopia
Thomas More
41. O Processo
Franz Kafka
42. O Médico e o Monstro
Robert Louis Stevenson
43. Ecce Homo
Friedrich Nietzsche
44. O Manifesto do Partido Comunista
Marx e Engels
45. Discurso do Método / Regras para a Direção do Espírito
René Descartes
46. Do Contrato Social
Jean-Jacques Rousseau
47. A Luta pelo Direito
Rudolf von Ihering
48. Dos Delitos e das Penas
Cesare Beccaria
49. A Ética Protestante e o Espírito do Capitalismo
Max Weber
50. O Anticristo
Friedrich Nietzsche
51. Os Sofrimentos do Jovem Werther
Goethe
52. As Flores do Mal
Charles Baudelaire
53. Ética a Nicômaco
Aristóteles
54. A Arte da Guerra
Sun Tzu
55. Imitação de Cristo
Tomás de Kempis
56. Cândido ou o Otimismo
Voltaire
57. Rei Lear
William Shakespeare
58. Frankenstein
Mary Shelley
59. Quincas Borba
Machado de Assis
60. Fedro
Platão
61. Política
Aristóteles
62. A Viuvinha / Encarnação
José de Alencar
63. As Regras do Método Sociológico
Émile Durkheim
64. O Cão dos Baskervilles
Sir Arthur Conan Doyle
65. Contos Escolhidos
Machado de Assis
66. Da Morte / Metafísica do Amor / Do Sofrimento do Mundo
Arthur Schopenhauer
67. As Minas do Rei Salomão
Henry Rider Haggard
68. Manuscritos Econômico-Filosóficos
Karl Marx
69. Um Estudo em Vermelho
Sir Arthur Conan Doyle
70. Meditações
Marco Aurélio
71. A Vida das Abelhas
Maurice Materlinck
72. O Cortiço
Aluísio Azevedo
73. Senhora
José de Alencar
74. Brás, Bexiga e Barra Funda / Laranja da China
Antônio de Alcântara Machado
75. Eugênia Grandet
Honoré de Balzac
76. Contos Gauchescos
João Simões Lopes Neto
77. Esaú e Jacó
Machado de Assis
78. O Desespero Humano
Sören Kierkegaard
79. Dos Deveres
Cícero
80. Ciência e Política
Max Weber
81. Satíricon
Petrônio
82. Eu e Outras Poesias
Augusto dos Anjos
83. Farsa de Inês Pereira / Auto da Barca do Inferno / Auto da Alma
Gil Vicente
84. A Desobediência Civil e Outros Escritos
Henry David Toreau
85. Para Além do Bem e do Mal
Friedrich Nietzsche
86. A Ilha do Tesouro
R. Louis Stevenson
87. Marília de Dirceu
Tomás A. Gonzaga
88. As Aventuras de Pinóquio
Carlo Collodi
89. Segundo Tratado Sobre o Governo
John Locke
90. Amor de Salvação
Camilo Castelo Branco
91. Broquéis/Faróis/Últimos Sonetos
Cruz e Souza
92. I-Juca-Pirama / Os Timbiras / Outros Poemas
Gonçalves Dias
93. Romeu e Julieta
William Shakespeare
94. A Capital Federal
Arthur Azevedo
95. Diário de um Sedutor
Sören Kierkegaard
96. Carta de Pero Vaz de Caminha a El-Rei Sobre o Achamento do Brasil
97. Casa de Pensão
Aluísio Azevedo
98. Macbeth
William Shakespeare

99. Édipo Rei/Antígona
Sófocles
100. Lucíola
José de Alencar
101. As Aventuras de Sherlock Holmes
Sir Arthur Conan Doyle
102. Bom-Crioulo
Adolfo Caminha
103. Helena
Machado de Assis
104. Poemas Satíricos
Gregório de Matos
105. Escritos Políticos / A Arte da Guerra
Maquiavel
106. Ubirajara
José de Alencar
107. Diva
José de Alencar
108. Eurico, o Presbítero
Alexandre Herculano
109. Os Melhores Contos
Lima Barreto
110. A Luneta Mágica
Joaquim Manuel de Macedo
111. Fundamentação da Metafísica dos Costumes e Outros Escritos
Immanuel Kant
112. O Príncipe e o Mendigo
Mark Twain
113. O Domínio de Si Mesmo Pela Auto-Sugestão Consciente
Emile Coué
114. O Mulato
Aluísio Azevedo
115. Sonetos
Florbela Espanca
116. Uma Estadia no Inferno / Poemas / Carta do Vidente
Arthur Rimbaud
117. Várias Histórias
Machado de Assis
118. Fédon
Platão
119. Poesias
Olavo Bilac
120. A Conduta para a Vida
Ralph Waldo Emerson
121. O Livro Vermelho
Mao Tsé-Tung
122. Oração aos Moços
Rui Barbosa
123. Otelo, o Mouro de Veneza
William Shakespeare
124. Ensaios
Ralph Waldo Emerson
125. De Profundis / Balada do Cárcere de Reading
Oscar Wilde
126. Crítica da Razão Prática
Immanuel Kant
127. A Arte de Amar
Ovídio Naso
128. O Tartufo ou O Impostor
Molière
129. Metamorfoses
Ovídio Naso
130. A Gaia Ciência
Friedrich Nietzsche
131. O Doente Imaginário
Molière
132. Uma Lágrima de Mulher
Aluísio Azevedo
133. O Último Adeus de Sherlock Holmes
Sir Arthur Conan Doyle
134. Canudos - Diário de Uma Expedição
Euclides da Cunha
135. A Doutrina de Buda
Siddharta Gautama
136. Tao Te Ching
Lao-Tsé
137. Da Monarquia / Vida Nova
Dante Alighieri
138. A Brasileira de Prazins
Camilo Castelo Branco
139. O Velho da Horta/Quem Tem Farelos?/Auto da Índia
Gil Vicente
140. O Seminarista
Bernardo Guimarães
141. O Alienista / Casa Velha
Machado de Assis
142. Sonetos
Manuel du Bocage
143. O Mandarim
Eça de Queirós
144. Noite na Taverna / Macário
Álvares de Azevedo
145. Viagens na Minha Terra
Almeida Garrett
146. Sermões Escolhidos
Padre Antonio Vieira
147. Os Escravos
Castro Alves
148. O Demônio Familiar
José de Alencar
149. A Mandrágora / Belfagor, o Arquidiabo
Maquiavel
150. O Homem
Aluísio Azevedo
151. Arte Poética
Aristóteles
152. A Megera Domada
William Shakespeare
153. Alceste/Electra/Hipólito
Eurípedes
154. O Sermão da Montanha
Huberto Rohden
155. O Cabeleira
Franklin Távora
156. Rubáiyát
Omar Khayyám
157. Luzia-Homem
Domingos Olímpio
158. A Cidade e as Serras
Eça de Queirós
159. A Retirada da Laguna
Visconde de Taunay
160. A Viagem ao Centro da Terra
Júlio Verne
161. Caramuru
Frei Santa Rita Durão
162. Clara dos Anjos
Lima Barreto
163. Memorial de Aires
Machado de Assis
164. Bhagavad Gita
Krishna
165. O Profeta
Khalil Gibran
166. Aforismos
Hipócrates
167. Kama Sutra
Vatsyayana
168. Histórias de Mowgli
Rudyard Kipling
169. De Alma para Alma
Huberto Rohden
170. Orações
Cícero
171. Sabedoria das Parábolas
Huberto Rohden
172. Salomé
Oscar Wilde
173. Do Cidadão
Thomas Hobbes
174. Porque Sofremos
Huberto Rohden
175. Einstein: o Enigma do Universo
Huberto Rohden
176. A Mensagem Viva do Cristo
Huberto Rohden
177. Mahatma Gandhi
Huberto Rohden
178. A Cidade do Sol
Tommaso Campanella
179. Setas para o Infinito
Huberto Rohden
180. A Voz do Silêncio
Helena Blavatsky
181. Frei Luís de Sousa
Almeida Garrett
182. Fábulas
Esopo
183. Cântico de Natal/ Os Carrilhões
Charles Dickens
184. Contos
Eça de Queirós
185. O Pai Goriot
Honoré de Balzac
186. Noites Brancas e Outras Histórias
Dostoiévski
187. Minha Formação
Joaquim Nabuco
188. Pragmatismo
William James
189. Discursos Forenses
Enrico Ferri
190. Medeia
Eurípedes
191. Discursos de Acusação
Enrico Ferri
192. A Ideologia Alemã
Marx & Engels
193. Prometeu Acorrentado
Ésquilo
194. Iaiá Garcia
Machado de Assis
195. Discursos no Instituto dos Advogados Brasileiros / Discurso no Colégio Anchieta
Rui Barbosa
196. Édipo em Colono
Sófocles
197. A Arte de Curar pelo Espírito
Joel S. Goldsmith
198. Jesus, o Filho do Homem
Khalil Gibran
199. Discurso sobre a Origem e os Fundamentos da Desigualdade entre os Homens
Jean-Jacques Rousseau
200. Fábulas
La Fontaine
201. O Sonho de uma Noite de Verão
William Shakespeare

202. Maquiavel, o Poder
José Nivaldo Junior

203. Ressurreição
Machado de Assis

204. O Caminho da Felicidade
Huberto Rohden

205. A Velhice do Padre Eterno
Guerra Junqueiro

206. O Sertanejo
José de Alencar

207. Gitanjali
Rabindranath Tagore

208. Senso Comum
Thomas Paine

209. Canaã
Graça Aranha

210. O Caminho Infinito
Joel S. Goldsmith

211. Pensamentos
Epicuro

212. A Letra Escarlate
Nathaniel Hawthorne

213. Autobiografia
Benjamin Franklin

214. Memórias de Sherlock Holmes
Sir Arthur Conan Doyle

215. O Dever do Advogado / Posse de Direitos Pessoais
Rui Barbosa

216. O Tronco do Ipê
José de Alencar

217. O Amante de Lady Chatterley
D. H. Lawrence

218. Contos Amazônicos
Inglês de Souza

219. A Tempestade
William Shakespeare

220. Ondas
Euclides da Cunha

221. Educação do Homem Integral
Huberto Rohden

222. Novos Rumos para a Educação
Huberto Rohden

223. Mulherzinhas
Louise May Alcott

224. A Mão e a Luva
Machado de Assis

225. A Morte de Ivan Ilicht / Senhores e Servos
Leon Tolstói

226. Álcoois e Outros Poemas
Apollinaire

227. Pais e Filhos
Ivan Turguêniev

228. Alice no País das Maravilhas
Lewis Carroll

229. À Margem da História
Euclides da Cunha

230. Viagem ao Brasil
Hans Staden

231. O Quinto Evangelho
Tomé

232. Lorde Jim
Joseph Conrad

233. Cartas Chilenas
Tomás Antônio Gonzaga

234. Odes Modernas
Anntero de Quental

235. Do Cativeiro Babilônico da Igreja
Martinho Lutero

236. O Coração das Trevas
Joseph Conrad

237. Thais
Anatole France

238. Andrômaca / Fedra
Racine

239. As Catilinárias
Cícero

240. Recordações da Casa dos Mortos
Dostoiévski

241. O Mercador de Veneza
William Shakespeare

242. A Filha do Capitão / A Dama de Espadas
Aleksandr Púchkin

243. Orgulho e Preconceito
Jane Austen

244. A Volta do Parafuso
Henry James

245. O Gaúcho
José de Alencar

246. Tristão e Isolda
Lenda Medieval Celta de Amor

247. Poemas Completos de Alberto Caeiro
Fernando Pessoa

248. Maiakósvski
Vida e Poesia

249. Sonetos
William Shakespeare

250. Poesia de Ricardo Reis
Fernando Pessoa

251. Papéis Avulsos
Machado de Assis

252. Contos Fluminenses
Machado de Assis

253. O Bobo
Alexandre Herculano

254. A Oração da Coroa
Demóstenes

255. O Castelo
Franz Kafka

256. O Trovejar do Silêncio
Joel S. Goldsmith

257. Alice na Casa dos Espelhos
Lewis Carrol

258. Miséria da Filosofia
Karl Marx

259. Júlio César
William Shakespeare

260. Antônio e Cleópatra
William Shakespeare

261. Filosofia da Arte
Huberto Rohden

262. A Alma Encantadora das Ruas
João do Rio

263. A Normalista
Adolfo Caminha

264. Pollyanna
Eleanor H. Porter

265. As Pupilas do Senhor Reitor
Júlio Diniz

266. As Primaveras
Casimiro de Abreu

267. Fundamentos do Direito
Léon Duguit

268. Discursos de Metafísica
G. W. Leibniz

269. Sociologia e Filosofia
Émile Durkheim

270. Cancioneiro
Fernando Pessoa

271. A Dama das Camélias
Alexandre De umas (filho)

272. O Divórcio / As Bases da Fé / e outros textos
Rui Barbosa

273. Pollyanna Moça
Eleanor H. Porter

274. O 18 Brumário de Luís Bonnaparte
Karl Marx

275. Teatro de Machado de Assis
Antologia

276. Cartas Persas
Montesquieu

277. Em Comunhão com Deus
Huberto Rohden

278. Razão e Sensibilidade
Jane Austen

279. Crônicas Selecionadas
Machado de Assis

280. Histórias da Meia-Noite
Machado de Assis

281. Cyrano de Bergerac
Edmond Rostand

282. O Maravilhoso Mágico de Oz
L. Frank Baum

283. Trocando Olhares
Florbela Espanca

284. O Pensamento Filosófico da Antiguidade
Huberto Rohden

285. Filosofia Contemporânea
Huberto Rohden

286. O Espírito da Filosofia Oriental
Huberto Rohden

287. A Pele do Lobo / O Badejo / o Dote
Artur Azevedo

288. Os Bruzundangas
Lima Barreto

289. A Pata da Gazela
José de Alencar

290. O Vale do Terror
Sir Arthur Conan Doyle

291. O Signo dos Quatro
Sir Arthur Conan Doyle

292. As Máscaras do Destino
Florbela Espanca

293. A Confissão de Lúcio
Mário de Sá-Carneiro

294. Falenas
Machado de Assis

295. O Uraguai / A Declamação Trágica
Basílio da Gama

296. Crisálidas
Machado de Assis

297. Americanas
Machado de Assis

298. A Carteira de Meu Tio
Joaquim Manuel de Macedo

299. Catecismo da Filosofia
Huberto Rohden

300. Apologia de Sócrates
Platão (Edição bilingue)

301. Rumo à Consciência Cósmica
Huberto Rohden

302. Cosmoterapia
Huberto Rohden

303. Bodas de Sangue
Federico García Lorca

304. Discurso da Servidão Voluntária
Étienne de La Boétie

305. CATEGORIAS
Aristóteles

306. MANON LESCAUT
Abade Prévost

307. TEOGONIA / TRABALHO E DIAS
Hesíodo

308. AS VÍTIMAS-ALGOZES
Joaquim Manuel de Macedo

309. PERSUASÃO
Jane Austen

310. AGOSTINHO - Huberto Rohden

311. ROTEIRO CÓSMICO
Huberto Rohden

312. A QUEDA DE UM ANJO
Camilo Castelo Branco

313. O CRISTO CÓSMICO E OS ESSÊNIOS - Huberto Rohden

314. METAFÍSICA DO CRISTIANISMO
Huberto Rohden

315. REI ÉDIPO - Sófocles

316. LIVRO DOS PROVÉRBIOS
Salomão

317. HISTÓRIAS DE HORROR
Howard Phillips Lovecraft

318. O LADRÃO DE CASACA
Maurice Leblanc

319. TIL
José de Alencar

SÉRIE OURO
(Livros com mais de 400 p.)

1. LEVIATÃ
Thomas Hobbes

2. A CIDADE ANTIGA
Fustel de Coulanges

3. CRÍTICA DA RAZÃO PURA
Immanuel Kant

4. CONFISSÕES
Santo Agostinho

5. OS SERTÕES
Euclides da Cunha

6. DICIONÁRIO FILOSÓFICO
Voltaire

7. A DIVINA COMÉDIA
Dante Alighieri

8. ÉTICA DEMONSTRADA À MANEIRA DOS GEÔMETRAS
Baruch de Spinoza

9. DO ESPÍRITO DAS LEIS
Montesquieu

10. O PRIMO BASÍLIO
Eça de Queirós

11. O CRIME DO PADRE AMARO
Eça de Queirós

12. CRIME E CASTIGO
Dostoiévski

13. FAUSTO
Goethe

14. O SUICÍDIO
Émile Durkheim

15. ODISSEIA
Homero

16. PARAÍSO PERDIDO
John Milton

17. DRÁCULA
Bram Stoker

18. ILÍADA
Homero

19. AS AVENTURAS DE HUCKLEBERRY FINN
Mark Twain

20. PAULO — O 13º APÓSTOLO
Ernest Renan

21. ENEIDA
Virgílio

22. PENSAMENTOS
Blaise Pascal

23. A ORIGEM DAS ESPÉCIES
Charles Darwin

24. VIDA DE JESUS
Ernest Renan

25. MOBY DICK
Herman Melville

26. OS IRMÃOS KARAMAZOVI
Dostoiévski

27. O MORRO DOS VENTOS UIVANTES
Emily Brontë

28. VINTE MIL LÉGUAS SUBMARINAS
Júlio Verne

29. MADAME BOVARY
Gustave Flaubert

30. O VERMELHO E O NEGRO
Stendhal

31. OS TRABALHADORES DO MAR
Victor Hugo

32. A VIDA DOS DOZE CÉSARES
Suetônio

33. O MOÇO LOIRO
Joaquim Manuel de Macedo

34. O IDIOTA
Dostoiévski

35. PAULO DE TARSO
Huberto Rohden

36. O PEREGRINO
John Bunyan

37. AS PROFECIAS
Nostradamus

38. NOVO TESTAMENTO
Huberto Rohden

39. O CORCUNDA DE NOTRE DAME
Victor Hugo

40. ARTE DE FURTAR
Anônimo do século XVII

41. GERMINAL
Émile Zola

42. FOLHAS DE RELVA
Walt Whitman

43. BEN-HUR — UMA HISTÓRIA DOS TEMPOS DE CRISTO
Lew Wallace

44. OS MAIAS
Eça de Queirós

45. O LIVRO DA MITOLOGIA
Thomas Bulfinch

46. OS TRÊS MOSQUETEIROS
Alexandre De umas

47. POESIA DE ÁLVARO DE CAMPOS
Fernando Pessoa

48. JESUS NAZARENO
Huberto Rohden

49. GRANDES ESPERANÇAS
Charles Dickens

50. A EDUCAÇÃO SENTIMENTAL
Gustave Flaubert

51. O CONDE DE MONTE CRISTO (VOLUME I)
Alexandre De umas

52. O CONDE DE MONTE CRISTO (VOLUME II)
Alexandre De umas

53. OS MISERÁVEIS (VOLUME I)
Victor Hugo

54. OS MISERÁVEIS (VOLUME II)
Victor Hugo

55. DOM QUIXOTE DE LA MANCHA (VOLUME I)
Miguel de Cervantes

56. DOM QUIXOTE DE LA MANCHA (VOLUME II)
Miguel de Cervantes

57. AS CONFISSÕES
Jean-Jacques Rousseau

58. CONTOS ESCOLHIDOS
Artur Azevedo

59. AS AVENTURAS DE ROBIN HOOD
Howard Pyle

60. MANSFIELD PARK
Jane Austen